0,90

btb

Buch
Schauplatz: das heruntergekommene Arbeiterviertel »Hoffnungsberg« in Hamburg. Die rätselhaften Todesfälle einer Reihe kleiner Mädchen rufen Bella Block auf den Plan, obwohl sie eigentlich dem detektivischen Dasein abgeschworen hatte. Wie immer begibt sie sich direkt ins Zentrum des Geschehens. Schnell stößt sie auf dunkle Machenschaften türkischer Jugendbanden, die den Drogenhandel und die Kinderprostitution organisieren. Doch alle ihre Versuche, Licht in die Sache zu bringen, scheitern entweder an der Gleichgültigkeit der Anwohner oder an der Polizei, die nicht sieht – oder nicht sehen will –, was gespielt wird. Immer wieder verfängt sich Bella in den gnadenlosen Gesetzen der Unterwelt...

Hannelore Hoger über Bella Block: »Ich denke, daß Bella offen für das Leben ist und sich vom Leben überraschen läßt. Sie ist nicht festgelegt, auch nicht moralisch. Bella ist keine Person, die ausweicht. Sie ist eine, die hinguckt. Ich liebe an ihr, daß sie Schwächen hat und sie auch zeigen kann. Nichts hasse ich mehr als dieses Klischee von einer ›starken Frau‹!«

Autorin
Doris Gercke, 1937 in Greifswald geboren, lebt in Hamburg. Nach Jahren als Verwaltungsbeamtin, Hausfrau und Mutter machte sie das Abitur nach und studierte Jura. Heute ist sie freie Roman-, Drehbuch- und Hörspielautorin. Ihre Krimis mit der charismatischen Heldin Bella Block werden mit Hannelore Hoger in der Hauptrolle höchst erfolgreich für das Fernsehen verfilmt.

Bereits bei btb erschienen
Nachsaison. Roman (72635)
Weinschröter, du mußt hängen. Roman (72587)

Doris Gercke

Kinderkorn
Ein Bella-Block-Roman

btb

Umwelthinweis:
Alle bedruckten Materialien dieses Taschenbuches
sind chlorfrei und umweltschonend.

btb Taschenbücher erscheinen im Goldmann Verlag,
einem Unternehmen der Verlagsgruppe Bertelsmann.

1. Auflage
Genehmigte Taschenbuchausgabe September 2000
Copyright © 1991 by Doris Gercke
Umschlaggestaltung: Design Team München
Satz: IBV Satz- und Datentechnik GmbH, Berlin
KR · Herstellung: Augustin Wiesbeck
Made in Germany
ISBN 3-442-72703-0
www.btb-verlag.de

Und über Plätze, unbekannte,
Ging's durch die Stadt aufs freie Feld
Zum Friedhof, der sich »Freiheit« nannte.

Alexander Block

Sie brauchte nur einen sehr kleinen Augenblick, und es war nicht nötig, die Augen zu öffnen. Sie wußte beinahe sofort, wie es um sie herum aussah. Aber sie wußte nie, ob sie von selbst aufgewacht war oder von der Stimme ihrer Mutter. Um das herauszufinden, brauchte man bloß liegenzubleiben.

Mit geschlossenen Augen stellte sie sich das Zimmer vor, in dem sie lag. Ihr Bett an der Wand. Zwei Meter vom Fußende des Bettes entfernt das Fenster. Sie wohnten im sechsten Stock, und der Blick aus dem Fenster zeigte die Straße, den Parkplatz, die Büsche um den Parkplatz und vor dem Nachbarhaus und das achtstöckige, hellrote Nachbarhaus, das aussah, wie das Haus, in dem sie selbst wohnten.

Auf dem Parkplatz war Betrieb. Sie hörte die anfahrenden Autos und den Kerl, der jeden Morgen zehn Minuten brauchte, um seine alte Karre in Gang zu kriegen. Einmal hatte sie geträumt, sie säße in der Karre. Sie hatte laut nun mach schon gesagt, als ihre Mutter sie weckte.

Rechts neben dem Fenster der Tisch und zwei Stühle. An der gegenüberliegenden Wand das Bett ihres Bruders. Der schlief noch. Komisch, daß Jüngere länger schliefen. Oder tat er nur so? Bestimmt nicht, dazu war er zu naiv. Zwischen den beiden Betten der Läufer. Neben den Kopfenden je ein kleiner Tisch mit einer Lampe.

Die Tür ging auf. Bevor sie die Stimme hörte, spürte sie den Luftzug, der ihr über das Gesicht strich.

Seid ihr immer noch im Bett?! Raus jetzt. Es wird höchste Zeit.

Also war sie schon mal dagewesen. Plötzlich, sie hätte nicht sagen können, weshalb, wußte Manuela, daß sie heute nicht in die Schule gehen würde. Sie mußte nur aufpassen, daß sie nicht gesehen wurde. Und den Bruder loswerden, ohne daß es auffiel. Am besten, sie telefonierte jetzt gleich.

Während ihre Geschwister im Bad waren, ging sie ins Wohnzimmer. Die Mutter saß am Küchentisch und wartete darauf, daß sie fertig wurden. Dabei rauchte sie ihre zweite Zigarette; die erste hatte sie geraucht, nachdem der Mann aus der Wohnung gegangen war. Neben der aufgeklappten Schlafcouch lag ein Deckbett auf dem Fußboden. Irgendwann, hatte ihre Mutter gesagt, würden sie eine größere Wohnung bekommen. Bis dahin mußte der kleinere Bruder auf der Couch im Wohnzimmer schlafen.

Manuela wählte und wartete. Es dauerte eine Weile, bis abgenommen wurde. Sie hatte Zeit genug, sich zu überlegen, was sie sagen würde, wenn ihre Mutter plötzlich den Kopf zur Tür hereinsteckte. War aber unwahrscheinlich.

Kurz nach acht am Einkaufszentrum, sagte sie. Beim Bäkker. Und einen Augenblick später sagte sie: Na, Manuela.

Sie legte den Hörer auf. Es erschien ihr seltsam, daß er gefragt hatte, wer dran sei. Hatte ziemlich verschlafen geklungen.

In der Küche saßen die anderen schon beim Frühstück.

Der Wachmann sah auf die Uhr. Es war erst zwanzig nach sieben. Er gähnte, während er langsam eine der Rolltreppen hinunterfuhr. Auch die Läden hier unten waren noch geschlossen. Vor acht machte niemand auf. Bis auf den Bäcker am Eingang. Langsam ging er auf die Glastür zu. Dabei hörte er auf das Geräusch, das seine harten Absätze auf dem gefliesten Fußboden machten.

Vorn standen zwei ältere Männer an hohen Tischen und tranken Kaffee. Auf dem gegenüberliegenden Bürgersteig trödelte ein Mädchen herum. Wahrscheinlich hatte es keine Lust, in die Schule zu gehen. Vor dem Stück grauen Himmels, das durch den Eingang zu sehen war, wirkten die Männer an den Tischen älter, als sie waren. Konnte aber auch daran liegen, daß sie die Nacht auf den Bänken vor der Kirche verbracht hatten. Auf jeden Fall sahen sie so aus, als hätten sie jetzt lieber Bier getrunken. Aber der City-Treff war noch geschlossen.

Weshalb gehen sie nicht in die Bahnhofskneipe, dachte der Wachmann träge. Die stören hier den Anblick.

Er ging an ihnen vorbei auf die Glastür zu. Der kräftige Duft der frischen Brötchen verursachte ihm Übelkeit. Absichtlich stieß er mit dem Fuß gegen eine der Tüten, die neben den beiden Männern auf dem Boden standen. Keiner der beiden reagierte darauf, obwohl die Tüte einen Meter weiter gerutscht war. Sie wußten, daß er sie nicht an die Luft setzen konnte, solange sie sich ruhig verhielten. Nach der langen Nacht im Freien – gegen Morgen hatte die Wirkung des Rotweins nachgelassen, und die kalte, feuchte Frühlingsluft war ihnen in die Kleider gekrochen – genossen sie die Wärme des Kaffees, die Wärme, die aus dem Schnellbackofen kam, und den Duft der Brötchen – obwohl ihnen Bier lieber gewesen wäre.

Der Wachmann hatte den Ausgang erreicht. Er trat hinaus auf den Bürgersteig, um dem Geruch der Brötchen zu entgehen, und atmete tief. Hier draußen roch es nach Frühling und Hundescheiße. Die Kleine trödelte immer noch herum. Ganz vorn in der Straße, winzig klein neben den Reihen der rechts und links geparkten Autos und den achtstöckigen Wohnblocks auf beiden Seiten, ging sein Kollege. Die Brötchentüte, die er wie jeden Morgen in der Hand hielt, war nicht mehr zu erkennen. Jetzt verschwand er hinter den Büschen. Der Wachmann stellte sich vor, wie sein Kollege den Hauseingang erreichte, die Tür aufschob, die so demoliert war, daß sie sich nicht mehr abschließen ließ, und auf den Knopf drückte, um den Fahrstuhl herunterzuholen. Oben im fünften Stock, sozusagen am anderen Ende des Fahrstuhls, saß die Frau des Kollegen in der Küche. Sie und das Kind konnten den Fahrstuhl hören. Sie würde aufstehen und dem Mann die Tür öffnen, ihm die Tüte aus der Hand nehmen und zurück in die Küche gehen. Das Kind aß morgens nichts. Die Frau würde zwei Brötchen mit dunkelbraunem Schokoladenzeug bestreichen, während das Kind die Jacke überzog, die am Drücker der Küchentür hing. Die Brötchen würden in die Jackentasche gestopft werden, und das Kind würde die Schultasche nehmen und die Wohnung verlassen. So jedenfalls war es gewesen, als er seinen Kollegen damals nach Hause begleitet hatte.

Der Wachmann sah eine Weile zu, wie die Parklücken auf der Straße sich vermehrten, bevor er sich umwandte und seinen letzten Rundgang begann. Dieser letzte Rundgang war eigentlich überflüssig, denn inzwischen waren die meisten Geschäftsinhaber in den Läden angekommen und damit beschäftigt, die Ladenkassen zu öffnen und das Wechselgeld einzusortieren. Viertel vor acht. Das war hier die ruhigste Zeit.

Er ging nicht gern nach Hause, bevor seine Frau die Wohnung verlassen hatte. Sie mochte die Filme nicht, die er mitbrachte und die er sich, ausgestreckt auf seiner Hälfte des Doppelbetts im Schlafzimmer liegend, ansah, bevor er einschlief. Er lächelte bei dem Gedanken an die Kassette, die oben im Raum hinter der Treppe in seiner Aktentasche steckte.

Die beiden Männer, die an einem der Tischchen vor dem Bäckerladen gestanden hatten, waren verschwunden. Der Wachmann sah auf seine Armbanduhr. In einer Minute würde der City-Treff öffnen. Wahrscheinlich standen die Penner dort schon vor der Tür. Er würde jetzt nach oben fahren, den Sicherheitsschlüssel deponieren und ebenfalls verschwinden. Er betrat die Rolltreppe und fuhr nach oben.

Die ältere der beiden Verkäuferinnen im Bäckerladen sah ihm nach. Ein komischer Kauz war das. Hatte noch nie etwas bei ihnen gekauft oder ein Wort mit ihnen gewechselt. Sein Kollege war netter.

Die Verkäuferin reagierte, ohne daß sie darüber nachdachte, auf die Klingel, die anzeigte, daß eine neue Lage Brötchen fertig war. Sie öffnete die Tür, zog dicke Handschuhe an und holte das Blech aus dem Ofen. Mit trockenem Schurren rutschten die Brötchen vom Blech in den Korb auf dem Ladentisch. Der Backgeruch wurde wieder stärker.

Die ersten Mütter mit Kinderwagen tauchten auf. Das waren die, deren Kinder morgens um sieben wach wurden und sich nicht anders beruhigen ließen, als daß man sie in den Wagen legte und mit ihnen durch die Gegend schob. Immer sah man den Müttern an, daß sie gern noch liegengeblieben wären. Sie rauchten, während sie die Kinderwagen vor sich her schoben, und sahen ernst und gelangweilt zum hundersten Mal in die Auslagen der Schaufenster. Von einem bestimmten Intelligenzgrad an hätten sie, wären sie gefragt worden, beinahe jeden einzelnen Preis der ausgestellten Waren in den einhundertundvier Schaufenstern auswendig angeben können.

Manchmal, dachte die Verkäuferin, während sie in einem unbeschäftigten Augenblick über den Ladentisch sah und eine junge Frau beobachtete, die auf der gegenüberliegenden Seite in die Auslagen eines Jeansladens starrte, manchmal erfährt man von einer neuen Schaufensterdekoration im oberen Stockwerk dadurch, daß sie alle den Kinderwagen als erstes nach oben schieben.

Gestern hatte oben offenbar niemand nach Feierabend neu dekoriert.

Ohne daß die Verkäuferin sie hatte kommen sehen, stand plötzlich eine zierliche, schwarzhaarige Frau in einem schwarzen Kleid und einer weißen Schürze vor ihr. Die Frauen lächelten einander freundlich zu, während die Verkäuferin eine große Tüte mit Brötchen über den Ladentisch reichte, die fertig gepackt neben dem Brötchenkorb gelegen hatte.

Tschüs, sagte die in dem schwarzen Kleid freundlich, verließ den Laden und fuhr auf der Rolltreppe nach oben. Lange, gewellte, dunkle Haare hingen über die weißen Schürzenbänder auf ihrem Rücken. Die Frau mit der Brötchentüte war Kellnerin im Café NEW YORK in der oberen Etage. Während sie auf den mit ein paar Blumenkübeln abgeteilten und mit Teppich ausgelegten Teil der oberen Passage zuging, in dessen Hintergrund über einem schwarz gestrichenen Bartresen in grüner Neonschrift das Wort NEW YORK neben einer Freiheitsstatue leuchtete, hielt sie die Brötchentüte in beiden Händen. Sie spürte die Wärme in ihren Handflächen. Auf den dunklen, rotbraun gepolsterten Stühlen hatten inzwischen drei Personen Platz genommen. Sie saßen weit voneinander entfernt, rauchten und sahen in die Frühstückskarten. Die Putzfrau, eine krummbeinige, ältere Ausländerin, bewegte den heulenden Staubsauger langsam an den Blumenkübeln entlang. Die Kellnerin ging zu ihr hinüber und bedeutete ihr, sie solle aufhören. Sie mochte es nicht, wenn im Café noch geputzt wurde, wenn schon Gäste da waren. Ohne weitere Reaktion stellte die Putzfrau den Staubsauger ab und verschwand hinter einer Tür zwischen zwei Läden. Es war wieder still. Bis auf das gleichmäßige, tiefe Summen der Belüftungsanlage, das Tag und Nacht anhielt und von niemandem mehr bemerkt wurde, weil es dazugehörte wie die Rolltreppe und der Wachdienst und die Frauen mit den Kinderwagen.

Vielleicht deshalb sahen die drei voneinander entfernt sitzenden Personen an den kleinen Tischen und die Kellnerin an der Kaffeemaschine zur gleichen Zeit hoch, als die Automatenstimme zu schreien begann.

Sie wollen wissen, wie der Tag heute wird? Sie möchten wissen, was die Zukunft für Sie bereithält? Sie haben ein Recht darauf. Auch Ihnen zeigt das Leben seine glitzernde Seite. Greifen Sie zu! Investieren Sie eine Mark. Holen Sie sich Ihr Glitzerhoroskop. Nicht nur für die Stars aus Kino und Fernsehen, nein, auch für Sie glitzert das Leben. Tausend glückliche Stunden funkeln Ihnen aus dem Horoskop entgegen. Wenn Sie Ihr Leben in einen glitzernden, funkelnden Sternenhimmel des Glücks verwandeln wollen, dann kaufen Sie ein Glitzerhoroskop!

Der Automat hörte auf zu brüllen und sandte statt dessen ein Geräusch aus, das an Feuerwerkskörper erinnerte. Rot und silbern stand er vor der Tür eines Spielwarenladens. Die drei an den Tischen und die Kellnerin sahen einen Moment aufmerksam in seine Richtung, bevor die Kellnerin sich wieder

der Kaffeemaschine zuwandte und die Gäste die Frühstückskarte studierten. Sie hatten den Automaten gemustert, weil er neu war auf dieser Etage. Zwei- oder dreimal würden sie noch zusammenfahren, wenn er zu schreien begann. Dann würde er ein Stück Einrichtung geworden sein, das niemand mehr wahrnahm. Bis er, nach etwa vier Monaten, während der Sommerferien von Kindern mit einer selbsthergestellten Sprengladung aus Zucker und Zelluloid zerstört werden würde. Im Augenblick allerdings brüllte er zum zweiten Mal seinen Glitzervers. Die Treppe hinauf, den Kinderwagen auf zwei Rädern in der Balance haltend, rollte die Frau, die unten vor dem Jeansladen gestanden hatte. Die Stimme des Automaten mußte bis nach unten gedrungen sein, denn die Frau fingerte, noch während sie sich mit dem Kinderwagen in Richtung Spielwarenladen in Bewegung setzte, in ihrer Anoraktasche nach einem Geldstück.

Bis vor zwei Minuten hatte sie genau gewußt, wie der Tag ablaufen würde. Bis zehn wäre sie im Einkaufszentrum von Schaufenster zu Schaufenster gezogen. Gleich nach zehn wäre sie auf den Spielplatz gefahren. Dort hätte sie bis zwölf auf der Bank gesessen und mit den anderen Müttern geredet. Um zwölf wäre sie nach Hause gegangen, um das Kind zu füttern, trockenzulegen und ins Bett zu bringen. Von eins bis drei hätte sie in der Wohnung herumgesessen, ferngesehen und ein Glas Kellergeister getrunken, dann hätte sie begonnen, das Mittagessen zuzubereiten. Um zehn nach fünf wäre ihr Mann gekommen, und sie hätten zusammen gegessen. Er hätte sich anschließend eine Stunde aufs Ohr gelegt, während sie das Kind gefüttert und ins Bett gebracht hätte. Dann war es Zeit für die Tagesschau und den Film. Anschließend legte er sich schlafen. Sie hätte noch ein Glas Kellergeister getrunken und wäre dann auch ins Schlafzimmer gegangen. So war es bisher gewesen. Außer am Wochenende natürlich.

Die junge Frau hatte den Glitzerautomaten erreicht und den Schlitz gefunden, in den das Markstück gesteckt werden mußte. Still stand sie neben dem Automaten und wartete.

Beim letzten Mal hatte er gesagt, sie könne zu jeder Zeit anrufen. Morgens wäre es sogar besonders günstig. Und jetzt stand sie hier auf der Straße, und er kam nicht. Beinahe hätte die alte Ziege von nebenan sie gesehen. Die hätte bestimmt nichts Besseres zu tun gehabt, als auf dem Rückweg bei ihrer Mutter zu klingeln. Und dieser dämliche Wachmann vorhin. Dem hätte sie was erzählt. Aber er war vorher verschwunden und nicht wieder aufgetaucht. Wenn er nicht kam, mußte sie sich etwas ausdenken. Sie konnte nicht den ganzen Vormittag hier im Wohngebiet herumlungern. Zurück in die Schule, oder was? Das fehlte noch. Schlimm genug, daß sie noch zwei Jahre vor sich hatte. Dann war sie fünfzehn, hatte einen Haufen Geld und würde in eine andere Stadt gehen. Wenn die wüßten! Mit fünfzehn konnte man heute schon ganz gut durchkommen. Nur wenn man Geld hatte, allerdings. Aber das würde sie haben. Da kam er.

Manuela wandte sich um und ging langsam die Straße hinunter, wartend, daß der Wagen neben ihr anhielte. Als die Tür an ihrer Seite geöffnet wurde, stieg sie schnell ein, rutschte auf dem Beifahrersitz ein wenig tiefer und wartete darauf, daß der Wagen anfuhr. Der Wagen fuhr nicht an. Sie wandte den Kopf nach links und blickte den Mann an, der hinter dem Steuer saß und auf sie herunter sah.

Hi, Jem, was ist, fahren wir nicht?

Doch, sagte der Mann langsam. Wir fahren. Ich dachte nur: Wenn du meine Schwester wärst.

Kanaken denken da anders. Ich weiß. Fahr los, sonst erwischt mich meine Mutter. Und dein Geschäft ist hin.

Der junge Mann, der unausgeschlafen aussah und einen schmuddeligen Jogginganzug trug, fuhr los. Manuela setzte sich erst auf, als sie die Häuserblocks hinter sich hatten. Sie sah interessiert nach rechts und links, einmal auch über die Lehne des Sitzes nach hinten. Da lagen die Handtücher. Zufrieden schaute sie wieder auf die Straße.

Das Autofahren war eigentlich das Beste daran. Wie sie die Autofahrten mit ihren Eltern gehaßt hatte. Nie hatte sie vorn sitzen dürfen. Die Kinder hinten, die Alten vorn. Und das Geld, natürlich. Dafür machte sie es ja. Der Gedanke an das, was sie für das Geld zu tun hatte, war ihr unangenehm.

Hast du 'ne Kassette da, fragte sie.

Der Mann neben ihr zeigte auf das Handschuhfach.

Wir sind gleich da, sagte er. Lohnt sich nicht mehr.

Das Mädchen öffnete das Handschuhfach, nahm eine der ihm entgegenfallenden Kassetten, stopfte die anderen zurück und schloß das Fach, bevor ihm der Inhalt erneut entgegenfallen konnte.

Könntest du auch mal aufräumen, sagte es.

Der junge Mann neben ihm lachte. Er wirkte jetzt nicht mehr so unausgeschlafen. Mit einer langsamen, ein wenig eitlen Bewegung, die das Mädchen nicht sah, weil es damit beschäftigt war, den Text auf der Kassette zu entziffern, legte er die lockigen, schwarzen Haare auf der Stirn zurecht. Seine Hände waren braun und schlank. Wahrscheinlich ging er jede Woche einmal ins Sonnenstudio.

Der Wagen bog von der Straße ab, fuhr ein paar Meter über

einen Betonweg und hielt auf einem betonierten Platz. Manuela sah durch die Frontscheibe auf ein Haus, das neu zu sein schien. Eigentlich ein ganz hübsches Haus mit blau gestrichenen Fensterrahmen, nicht so sehr groß, vielleicht für zwanzig Familien.

Nee, Familien wohl nicht, dachte sie, während sie ausstieg.

Der Mann nahm die Handtücher vom Rücksitz und schloß das Auto ab, kein besonderes Auto, eher ein bißchen älter und ramponiert, aber das Mädchen wußte, daß es noch ein anderes Auto gab. Einmal, abends, war es damit gefahren. War ein großer, amerikanischer Wagen gewesen.

Der Mann ging voran. Als sie den Hausflur betraten, schlug ihnen verbrauchte Luft entgegen. Es roch nach Bratkartoffeln, alten Polstermöbeln, Alkohol, ungewaschenen Kleidern.

Schlimmer als bei uns im Treppenhaus, dachte das Mädchen. Wieso machen sie das Fenster nicht auf.

Der Hausflur war lang und hatte am Ende ein großes Fenster, acht blaue Türen auf jeder Seite und in der Mitte eine Treppe, die nach oben und in den Keller führte. Ein Mann kam ihnen vom Ende des Flurs her entgegen. Die Treppe herauf aus dem Keller kam ein anderer, dessen Haare naß waren und der ein nasses Handtuch in der Hand hielt.

Ihr könnt gleich nach oben gehen, sagte der Mann, der ihnen entgegengekommen war.

Er musterte das Mädchen einen Augenblick.

Sie macht es nicht zum ersten Mal, sagte Jem. Offenbar fürchtete er Einwände. Aber der Mann, der Manuela gemustert hatte, war schon unterwegs. Er stieg vor ihnen die Treppe hinauf, ging durch einen Flur, der dem unten zum Verwechseln ähnlich sah, und öffnete weiter hinten eine der blauen Türen. Das Zimmer war offenbar eine Art Aufenthaltsraum für die Männer, die in dem Haus wohnten. Es gab einen Fernseher, ein Sofa und zwei Sessel, verschiedene blaue Kunststoffstühle und ein Tischfußballspiel. Auf der Fensterbank stand ein Gummibaum. Die Aschenbecher waren ausgeleert, aber nicht ausgewaschen worden. Es stank nach Zigarettenasche. An der Wand über dem Fernseher hing ein Plakat, auf dem weiße Häuser an einem kleinen Hafen zu sehen waren. Das Wasser im Hafenbecken und der Himmel über den Häusern waren von gleichem, tiefem Blau.

Der Mann, der die beiden nach oben geführt hatte, blieb an der Tür stehen und sah zu, wie das Mädchen sich auf das Sofa setzte.

Du kannst mit runterkommen, in die Küche.

Er hatte den Mann im Jogginganzug gemeint, der zum Fenster gegangen war, neben dem Gummibaum stand und hinaussah, als erwarte er jemanden. Aber er erwartete niemanden. Er hatte nur sehen wollen, wie hoch über der Erde sich das Fenster befand. Jetzt wandte er sich um und blickte dem Mann an der Tür ins Gesicht.

Ich bleibe.

Der Mann an der Tür zuckte die Achseln, streifte das Mädchen mit einem kurzen Blick und verließ das Zimmer.

Das Mädchen stand auf und begann sich auszuziehen, während der Mann, der es hergebracht hatte, ein Handtuch über das Sofa breitete. Das Handtuch war braun und zeigte in der Mitte eine große, orangefarbene Sonne, deren Strahlen die Ränder berührten.

Jemand klopfte an die Tür, die sich gleich darauf, ohne daß eine Antwort abgewartet worden war, öffnete. Der Mann mit den nassen Haaren, der aus dem Keller gekommen war, betrat das Zimmer. Bevor er die Tür schloß, warf das Mädchen einen kurzen Blick auf die kleine Gruppe von Männern, die sich vor der Tür versammelt hatte.

Könnten mehr sein, dachte es, bevor es die Arme kreuzte, um den Pullover über den Kopf zu ziehen.

Laß den an, sagte der Mann vom Fenster her.

Er durchquerte das Zimmer, nahm einen der blauen Stühle und setzte sich neben die Tür.

Erst die Kohle.

Der Mann mit den nassen Haaren hielt das Geld schon in der Hand. Er reichte dem neben der Tür fünf zerknitterte Zehner, bevor er zum Sofa ging.

Gut, daß die Männer es brauchen, dachte das Mädchen. Wie sollte ich sonst in meinem Alter zu Geld kommen. Dreißig für mich, Zwanzig für ihn. Bei zehn sind das schon Dreihundert.

Als der, der es gebraucht hatte, von ihm abließ, hob es ein wenig den Kopf, um zu sehen, ob die Gruppe vor der Tür größer geworden war. Viel mehr als vorhin waren es nicht.

Aber zehn, dachte es, zehn werden es bestimmt.

Als die Tür geöffnet wurde, legte es den Kopf zurück und versuchte, einen festen Punkt für seine Augen zu finden.

Nie ansehen, hatte es sich vorgenommen, ein Vorsatz, den es unbedingt einzuhalten galt. Wenn man sie ansah, konnte einem leicht übel werden. Auch wenn sie geduscht hatten.

Sein Blick blieb auf dem Plakat hängen.

Meistens stand drauf, welches Land abgebildet war. Aber da stand gar nichts. Sah so ähnlich aus wie das Plakat beim Griechen. Zum Griechen würde es sich fahren lassen, wenn das hier vorbei war.

Nach dem dritten, der es gebraucht hatte, blieb es ruhig liegen und sah nicht mehr zur Tür. Irgendwann hatte der Mann auf dem blauen Stuhl eine kleine Auseinandersetzung mit einem, der ihm nur vier Zehner hingehalten hatte.

Schmeiß ihn raus, sagte das Mädchen vom Sofa her und dachte: Wieso ist meine Stimme so klein.

Du hörst, was sie sagt. Verschwinde.

Er stand auf und ging, die Arme vor der Brust verschränkt, auf den Mann zu. Aber das war eine überflüssige Pose. Als habe der Freier verstanden, daß das Mädchen nichts mit ihm zu tun haben wollte, oder als habe er sich erschrocken, als er die Stimme vom Sofa vernahm, wandte er sich schnell zur Tür. Er blieb dort stehen und sah einen Augenblick zu dem Mädchen hinüber, bevor er das Zimmer endgültig verließ.

Körner, fragte der Bewacher, während er sich zurück auf seinen Stuhl begab, willst du ein paar Körner?

Das Mädchen schüttelte den Kopf. Wenn sie das Zeug nahm, würde sie nicht zum Griechen gehen können. Man kam damit kaum die Treppe rauf.

Es waren dreizehn, dreizehn weiße Häuser auf dem Plakat. Sie hatten dicke Mauern und kleine Fenster. Keine Türen. Ich hätte zählen sollen. Dann wüßte ich, wie lange es noch dauert. Das obere Haus hat nicht mal ein Fenster.

Dreihundert. Dreihundert. Dreihundert.

Meinetwegen müßte er nicht drinbleiben. Passiert doch nichts. Beim Griechen haben die Häuser Fenster und Türen. Oder nicht? Kann ich nachher nachsehen.

Der Rücken, das ist das Schlimmste. Mir tut der Rücken weh. Dreihundert. Wenigstens Dreihundert.

Als niemand mehr an die Tür klopfte, stand der Mann auf und sah nach. Der Gang vor dem Aufenthaltsraum war leer. Im Haus war es sehr ruhig.

Das war's, sagte er ins Zimmer hinein und schloß die Tür.

Er kam zurück, nahm den Stuhl, auf dem er die ganze Zeit über gesessen und vor sich hin gestarrt hatte, brachte ihn zurück an den Tisch und griff, bevor er sich setzte, mit beiden Händen in die ausgebeulten Taschen seines Jogginganzugs. Er häufte die Scheine vor sich auf und begann zu zählen. Das Mädchen sah ihm zu.

Dreihundertsechzig für dich, sagte er. Soll ich es dir zusammenpacken?

Als er keine Antwort bekam, stopfte er den kleineren Haufen Scheine zurück in seine Hosentasche und begann die übrigen zu glätten und sorgfältig übereinander zu legen.

Du kannst hier duschen, willst du?

Langsam wandte Manuela den Kopf zu ihm hin. Er sah, daß sie geweint hatte.

Es ist nur, weil mir der Rücken so weh tut. Hilfst du mir?

Er stand auf, ging hinüber zum Sofa und half ihr beim Aufstehen. Er wickelte ihr das Handtuch, das bis auf ihre Knöchel reichte, um den Leib, nahm, nachdem er ihr das Geld in die Jackentasche gesteckt hatte, ihre Sachen unter den Arm und führte sie aus dem Zimmer. Sie gingen langsam die Treppe hinunter. Niemand begegnete ihnen. Auch der Raum vor den Duschen im Keller war leer. Es war ein ziemlich großer Raum mit Bänken an den Wänden und einer Tischtennisplatte, von der eine Ecke abgebrochen worden war, im Hintergrund. Vor den Türen der Duschen war der Zementfußboden dunkel. Die Luft war feucht und warm.

Sie blieben vor einer der Duschen stehen. Das Mädchen ließ das Handtuch los. Als es keine Anstalten machte, den Pullover auszuziehen, ging der Mann in die Dusche und stellte das Wasser an. Mit ausgestrecktem Arm prüfte er einen

Augenblick die Wassertemperatur. Dann wandte er sich um, zog dem Mädchen den Pullover über den Kopf und schob es unter die Dusche. Er setzte sich auf die Bank, die der Dusche gegenüberlag, und beobachtete durch die geöffnete Tür das Mädchen beim Duschen. Er sah, daß sie einen Moment reglos unter dem Wasserstrahl stand und dann nach der Seife griff. Er sah ihr zu, wie sie sich langsam und sorgfältig zu waschen begann. Noch immer war es still im Haus. Der Mann blickte hinüber zur Kellertreppe. Niemand kam. Er würde einfach sitzen bleiben. Wenn sie fertig war, würde sie kommen, um das Handtuch zu holen. Aufmerksam beobachtete er die Bewegungen des Mädchens unter der Dusche, die lebhafter geworden waren. Sie sah zu ihm hinüber.

Na gut, dachte sie, während sie ging, um das Handtuch zu holen, dafür zahlt er beim Griechen.

Als sie zusammen das Wohnheim verließen – niemand hatte sich gezeigt, aber hinter ein paar Türen waren Radio- oder Fernsehstimmen zu hören gewesen –, war es zehn Uhr morgens. Der Wagen, mit dem sie gekommen waren, stand noch immer als einziger vor dem Haus. Der Mann öffnete dem Mädchen die Tür und ging erst dann auf die Fahrerseite.

Zum Griechen, sagte sie, während er auf dem freien Platz vor dem Wohnheim wendete. Fahren wir zum Griechen?

Hast Glück, daß ich Hunger hab, sagte er. Du machst wohl nie was umsonst, was?

Nee, dachte sie, aber sie sagte nichts.

Sie hatte keine Lust, mit dem Kanaken zu reden. Jetzt nicht. Sie wollte die Autofahrt genießen. Reichte wirklich, wenn man zweimal die Woche zur Schule ging. Für das, was sie einem da beibrachten. Um im Leben zurechtzukommen, mußte man schon ein paar andere Sachen drauf haben.

Der Rücken tat ihr immer noch weh, und sie änderte ihre Haltung, um die Schmerzen zu mildern. Als sie den Hoffnungsberg erreichten, hielt neben ihnen an der Ampel ein Streifenwagen. Die Insassen, ein jüngerer und ein älterer Mann, sahen kurz zu ihnen herüber, bevor sie weiterfuhren.

Die können uns doch mal, sagte Jem und klopfte mit der flachen Hand auf die ausgebeulte Tasche seines Jogginganzugs. Er hatte auch geduscht und sah frisch und ausgeschlafen aus. Er verlangsamte die Fahrt, fuhr hinter dem Polizeiwagen her und bog dann von der Straße ab. Der Grieche hatte sein Lokal am Ende des Einkaufszentrums, und sie fuhren die Straße entlang, an der das Einkaufszentrum lag. Zur Straße hin war es eine endlose, graue Betonmauer, unterbrochen von rot und gelb umrandeten Fenstern. Um diese Zeit war es leicht, einen Parkplatz zu finden. Er stellte den Wagen in der Nähe eines Tunnels ab, der durch die Betonmauer in den Innenhof des Einkaufszentrums führte. In den Büschen, an denen sie vorbeikamen, nachdem sie den Wagen verlassen hatten, hingen ein hellblauer Strampelanzug mit abgerissenem Bein, eine Zeitung, die aussah, als sei sie gerade eben durchgeblättert und dann beiseite geworfen worden, zwei oder drei ältere Papierfetzen und der Henkel eines Einkaufsnetzes. Zwei Spatzen badeten sich am Boden in hellgrauem Staub.

Der Innenhof war leer bis auf zwei ältere Frauen, die redend beieinander standen, und einen von der Stadt bezahlten Aktionskünstler, der damit beschäftigt war, ein Gestell aufzubauen, nach dessen Bedeutung er, wenn er mit dem Aufbau fertig war, die Vorübergehenden fragen würde. Die Tätigkeit des Künstlers war unter dem Decknamen *Phantasie gegen Beton* eine Politikform der Regierung, bei der sich Kunst und Künstler in seltener Übereinstimmung prostituierten.

Unmöglich, das kann ich mir nicht vorstellen.

Ich bin da ganz sicher. Erst haben sie die Wohnung präpariert. Dann sind sie weggefahren. Die Sachen hatten sie schon vorher beiseite geschafft. Wozu haben sie die Laube. Und dann sind sie spät zurückgekommen und haben den Einbruch gemeldet.

Und Sie meinen, jetzt rennt sie mit der neuen Pelzjacke rum?

Sie mit der Pelzjacke, er mit der Kamera. Von der neuen Wohnzimmergarnitur will ich gar nicht reden. Man muß ja nicht selber...

Die letzten beiden Worte hörte Manuela nicht mehr. Jem war weitergegangen. Er hatte sich eine Zigarette angezündet.

Der Grieche stand vor der Tür seines Lokals. Die beiden gingen an ihm vorbei, und er sagte: Hi, Manuela, und schüttelte mißbilligend den Kopf, als Jem an ihm vorübergegangen war. Das sollte heißen: Mußt du dich denn mit dem abgeben.

Manuela nahm es nicht zur Kenntnis.

Der Wirt nahm ihre Bestellung auf und stellte zwei Ouzo auf den Tisch. Die beiden tranken den Schnaps.

He, bring noch zwei, rief Jem.

Manuela lehnte sich an die gepolsterte Rückenlehne der Holzbank und sah sich im Lokal um. Niemand da, den sie kannte. Bloß zwei Ischen. Und der Sohn vom Wirt. Wieso war der nicht in der Schule. Wurde wohl im Laden gebraucht. Vielleicht müssen sie dann nicht.

Der Wirt brachte die zweiten Schnäpse.

Essen ist gleich fertig, sagte er.

Manuela trank den zweiten Schnaps langsam.

Wie aufgelöster Lolly, sagte sie und sah Jem an. Die Schmerzen waren schon fast weg.

Schlafen, dachte sie, jetzt müßte man schlafen. Aber wie?
Gib mir 'n Zug.
Jem beobachtete die Veränderung in ihrem Gesicht mit Mißtrauen. Sollte sie sich ohne ihn besaufen. Sonst hatte er sie noch am Hals.
Du kriegst nichts. Dir wird schlecht. Jetzt gibt's Essen.
Sie wollte nicht essen, nur schlafen.
Ich geh dann.
Unvermittelt stand sie auf und glitt leicht schwankend aus der Lücke zwischen Bank und Tisch.
Was? Und dein Essen?
Friß es selber. Sie hatte das Ende der Bank erreicht und stand unsicher neben dem Tisch. Ich muß jetzt nach Hause, verstehst du. Es geht mir nicht gut.
Hau ab. Und halt die Klappe.
Worauf du dich verlassen kannst, dachte sie und ging zwischen den Bänken hindurch auf den Ausgang zu, die Schulmappe und die Jacke mit dem Geld in der Tasche über die linke Schulter gehängt, die rechte Hand vorgestreckt, so, wie ein Blinder sie vorstrecken würde, um unvorhergesehene Zusammenstöße zu vermeiden. Sie tat es, um die Balance nicht zu verlieren. Die beiden Frauen, die am Fenster saßen, sahen ihr mißbilligend nach.
Es kam ihr vor, als sei es draußen wärmer geworden.
Langsam gehen. Tief Luft holen. Ich erzähl ihr, daß mir schlecht geworden ist. Stimmt ja auch. Warum...
Sie war nicht mehr fähig, den Gedanken zu Ende zu denken, stellte sich an die Mauer im Tunnel und erbrach sich. Die Blicke der Vorübergehenden in ihrem Rücken spürte sie nicht.
Im Fahrstuhl merkte sie, daß ihr Magen sich erneut ver-

krampfte; sie stürzte sich auf den Klingelknopf an der Wohnungstür und ließ ihn nicht los, bis die Tür aufgemacht wurde und ihre Mutter, angezogen zum Einkaufen und mit einem Korb über dem Arm, ihr gegenüberstand. Sie fiel fast an der Mutter vorbei, lief ins Bad und erbrach sich noch einmal.

Sie ging in die Küche, ohne sich das schweißbedeckte Gesicht zu waschen. Die Mutter saß jetzt am Tisch und rauchte, und Manuela erklärte, ihr sei in der Schule übel geworden. Die Lehrerin habe sie nach Hause geschickt.

Ich geh jetzt einkaufen, sagte die Mutter, drückte die Zigarette aus und stand auf. Kannst dich ja noch mal hinlegen. So was kommt vor in deinem Alter.

Sie verließ die Küche. Manuela ging noch einmal ins Bad, wusch sich Gesicht und Hände und vermied es, beim Abtrocknen auf die sich drehende Trommel der Waschmaschine zu sehen. Ihr war kalt, und die Waschmaschine war laut. Aber man konnte die Badezimmertür zumachen und ins Bett kriechen, die Decke über die Ohren ziehen und schlafen. Jedenfalls bis die anderen nach Hause kamen. Das war erst in zwei Stunden. Für das Geld würde sie ein anderes Versteck suchen müssen. Nicht mehr hier in der Wohnung. Vielleicht vergraben.

B evor das Kind mit diesem widerlichen, gleichzeitig krachenden und klatschenden Geräusch vor ihnen auf dem Garagendach aufgeschlagen war, hatten die Insassen des Streifenwagens schon eine lange und anstrengende Schicht hinter sich gebracht. Der Klatscher war nur noch der Schlußpunkt hinter eine Anhäufung von Übeln, durch die sie sich die ganze Nacht hindurchgekämpft hatten. Dabei hatte die Schicht ganz friedlich angefangen.

Eva Bentrupp hatte sich mit dem Kollegen vorher noch zu einem Kaffee zusammengesetzt. Dabei hatten sie nach Wochen wieder einmal ein persönliches Wort gewechselt. In der letzten Zeit war das kaum möglich gewesen. Sie hatten ein neues Gebiet übernommen, das sie nicht kannten und in dem es vom ersten Tag an nur Ärger gegeben hatte. Inzwischen war sie soweit, daß sie dem Vorschlag, Alkohol in bestimmten Gebieten zu rationieren und arbeitslose Männer beim Straßenbau zu beschäftigen, ohne weiteres zugestimmt hätte, obwohl sie sich eigentlich für liberal hielt. Das Schlimmste aber waren die Kinder. Sie hatte selbst zwei aufgezogen und war erst später wieder in ihren Beruf eingestiegen. Sie verstand was von Kindern. Und um die hier stand es schlecht, das war klar. Sie hatte, während sie neben dem Kollegen saß, wohl zum hundertsten Mal darüber nachgedacht, wer eigentlich die Schuld hatte an dieser Situation.

Der Wagen fuhr langsam an Hochhäusern vorbei. An den roten Fensterscheiben im siebten und achten Stockwerk war zu erkennen, daß die Sonne aufging. Vor ihrem Wagen auf der Straße tobte ein verliebtes Drosselpaar. Der Kollege fuhr langsamer, aber die Vögel ließen sich nicht stören. Deshalb standen sie fast, als das Fenster im Wohnblock links von ihnen geöffnet wurde und sie den Lärm hörten.

Halt mal, sagte die Bentrupp.

Sie hatten die Scheiben heruntergekurbelt. Deutlich hörten sie verschiedene grölende Stimmen, Gelächter und Schreie, die danach klangen, als riefe ein Kind, das verprügelt wurde, um Hilfe.

Das Auto hielt. Sie konnten das Fenster, das geöffnet worden sein mußte, jetzt nicht mehr sehen. Auch die Geräusche waren plötzlich verstummt. Nur das erregte Glucksen der

Drosseln war zu hören. Und dann sahen sie den stürzenden Schatten und hörten das widerliche Geräusch des auf das Garagendach aufschlagenden Körpers. Im Fallen verlor das Kind einen Schuh, der an der Garage vorbei auf die Straße fiel und die Drosseln vertrieb. Danach war es einen Augenblick lang absolut still.

Sie sprangen sofort aus dem Auto und sahen an der Hauswand hoch. Natürlich waren alle Fenster geschlossen. Noch nie, so dachte die Polizistin Eva Bentrupp, bevor sie versuchte, durch die Büsche bis zur Garagenwand vorzudringen, noch nie habe ich eine so tote Hauswand gesehen.

Die Garage stellte sich bei näherem Hinsehen als Waschbetonverschlag für die Müllcontainer des Wohnblocks heraus. Es gelang ihnen, an der offenen Seite über die Container zu klettern und das Dach zu erreichen. Mit einem Blick konnten sie erkennen, daß das Kind tot war. Neben allen möglichen anderen Verletzungen war das Genick gebrochen. Der Polizist Vogel sprang vom Dach, um über Funk Verstärkung und, wider besseres Wissen, einen Krankenwagen zu rufen. Die Bentrupp blieb auf dem Dach knien.

Sie sah auf die Uhr. Es war kurz nach fünf Uhr morgens und durchaus denkbar, daß in den hundertzwanzig Küchen, die hinter den der Straße zugewandten Fenstern lagen, irgend jemand dabei war, Frühstück zu machen. Aber die Fenster blieben verschlossen. Aufmerksam betrachtete sie den vor ihr liegenden Körper. Ein Mädchen, vielleicht zwölf Jahre alt, lange, blonde Haare, Jeans und T-Shirt, in der linken Hand so etwas wie eine Strickjacke. Ein ganz normales, unauffällig aussehendes Mädchen, bis auf den Schuh vielleicht.

Die Bentrupp erhob sich. Die runden Steine des Waschbetons hatten Abdrücke in der Haut auf ihren Knien hinterlassen. Sie ging an den Rand des Daches und sah auf die Straße. Dort lag noch immer der andere Schuh. Eine goldglänzende Sandale mit sehr hohem Absatz, den eine Reihe von Straßsteinen schmückte.

Nicht billig, dachte die Polizistin.

Sie sind unterwegs, rief Vogel. Er stand neben dem Streifenwagen und wirkte selbst von hier oben noch blaß.

Die Bentrupp ging zurück und setzte sich wieder neben das tote Mädchen. Drei Mädchen in einem Jahr, genaugenommen in dreizehn Monaten. So lange war sie jetzt in dieser Gegend. Die beiden anderen hatten sich umgebracht. Die erste hatte sie selbst entdeckt bei der Routineüberprüfung eines Heizungskellers, der angeblich ein Treffpunkt von Skins war. Skins oder auch nur Spuren von ihnen hatte sie nicht gefunden, aber den Anblick des toten Mädchens würde sie nicht mehr vergessen. Die zweite hatte eine Gasexplosion ausgelöst, bei der sämtliche Scheiben der umliegenden Wohnblöcke geborsten waren. Und nun die hier.

Sie sah aufmerksam auf den unnatürlich verrenkt daliegenden Körper. Wie ein Putzlappen, dachte sie, als hätte jemand seinen Putzlappen aus dem Fenster geworfen.

Am Ende der Straße tauchte ein Krankenwagen auf. Sie erhob sich und winkte, damit der Fahrer sie sähe, als könnte sie damit dem Mädchen noch helfen. Gleich darauf kam auch die angeforderte Verstärkung, und sie kletterte vom Dach und ging hinüber zu ihrem Kollegen. Sie ergänzte dessen Antworten, die sehr einsilbig waren, so gut sie konnte, aber viel zu sagen gab es nicht; und selbst wenn sie gesehen hätten, aus welchem Fenster das Mädchen gefallen und was vorher mit ihm geschehen war, hätten sie die herablassende Haltung der Kollegen von der Kripo nicht ändern können.

Ja, dann müssen wir wohl anfangen, sagten die und taten so, als seien die mageren Auskünfte, die sie erhalten hatten, Schuld daran, daß sie jetzt, morgens um sechs, mit der Klingelei an den Haustüren beginnen mußten. Nach den Verletzungen zu urteilen, waren der erste und der zweite Stock wohl auszuschließen. Die Leute dort konnten später befragt werden, ob ihnen im Haus etwas Besonderes aufgefallen war.

Also los, sagten die Kripobeamten. Sie fangen bei Drei an und nehmen die ungeraden, wir nehmen die geraden.

Sie hatte was getrunken, bemerkte der Arzt, der an ihnen vorüberging. Vielleicht ist das wichtig für euch.

Wir suchen eine Wohnung, in der sich mehrere Personen aufhalten oder bis vor kurzem aufgehalten haben. Mindestens zwei Männer. Und es ist wohl gefeiert worden.

Wieso fordert er uns nicht auf, an den Schlüssellöchern nach Alkoholdunst zu schnüffeln, dachte die Bentrupp. Ohne etwas zu sagen, wandte sie sich um und ging auf die Haustür zu. Ihr Kollege folgte ihr.

Und sagen Sie den Leuten, daß bis acht niemand das Haus verlassen darf. Wir stellen jemanden neben die Tür.

Na klar doch, sagte Vogel neben ihr. Am besten, ihr geht für die Leute arbeiten.

Spinner, sagte sie halblaut, während Vogel an ihr vorbei in den Hausflur trat und sie aufmerksam ansah. Vielleicht wäre es besser gewesen, er hätte statt dessen seinen Blick auf den Fußboden gerichtet, dann wäre es ihm erspart geblieben, über das aus einem Mofa ausgebaute Vorderrad zu stolpern, das vor den Treppenstufen lag. So aber verstauchte er sich den Knöchel, und das trug nicht dazu bei, die Befragung der Hausbewohner, soweit sie überhaupt die Tür öffneten, in einer freundlichen Atmosphäre verlaufen zu lassen.

Das Ergebnis der Befragung eröffnete einige interessante Einblicke in das Konzept des sozialen Wohnungsbaus und dessen Auswirkungen auf einen nicht geringen Teil der Bevölkerung. Auch für die Ursachen, weshalb Menschen in unwürdigen Wohnverhältnissen keine Kraft zur Gegenwehr aufbrachten und nicht in der Lage waren, ihre Kinder so zu erziehen, daß sie sich eines Tages auflehnen würden gegen die Verachtung, mit der ihnen begegnet worden war, hätten sich anschließend genügend Beispiele finden lassen. Und hätten die Polizisten ausreichend Zeit und Muße und eine entsprechende Vorbildung gehabt, dann wäre ihnen, nachdem sie den chaotischen Verhältnissen, die hinter vielen Wohnungstüren herrschten, entronnen waren, vielleicht sogar eingefallen, daß solche Zustände nicht von selbst entstehen, sondern geplant sind und bewußt nicht verändert werden. Und, größte aller Unwahrscheinlichkeiten, vielleicht wären sie dann in die bei den Abgeordneten beiderlei Geschlechts so beliebten Wohnviertel gegangen, hätten an sorgfältig restaurierten Altbauwohnungstüren geklingelt und den freundlich öffnenden Herren und Damen ein paar Fotos hingehalten von Kindern mit Hautausschlag, von betrunkenen Vätern, von Kindern vor Bildschirmen mit Horrorfilmen, Fotos von Badezimmerschränken, die vor Tabletten überquollen, und von vollgeschissenen Fahrstühlen. So aber, da den Polizisten die Einsicht in die Zusammenhänge fehlte, beließen sie es dabei, am Ende der Befragung festzustellen, daß von neunzig Wohnungstüren nur dreiundsechzig geöffnet worden waren und daß keine der befragten Personen einen Hinweis auf ein gerade erst beendetes Gelage oder einen besonderen Streit hatte geben können. Mehrere Wohnungstüren waren ihnen von Kindern geöffnet worden, die ihre gerade von der Nachtschicht zurückkommenden Väter oder Mütter erwarteten. Es waren sehr verständige Kinder darunter gewesen, unter anderem ein etwa acht Jahre altes Mädchen, das, auch das konnten die Polizisten selbstverständlich nicht wissen, ein halbes Jahr später erdrosselt in einem Koffer zwischen Gerümpel im Keller seines *Elternhauses* gefunden werden würde.

Ich, dachte Bella Block, ehemals Kriminalkommissarin, ehemals Privatdetektivin, ich bin vermutlich die glücklichste Frau der Welt.

Sie erhob sich von ihrem Lieblingsplatz, einem Sessel am Fenster mit Blick über die Elbe, und schritt so beschwingt, wie es ihre hundertfünfzig Pfund nach dem morgendlichen Lauftraining zuließen, in den Hausflur, um sich im Spiegel zu betrachten. Was sie sah, verführte sie dazu, ein großes Wort gelassen abzuwandeln.

Welch eine Schlampe, sagte sie. Sie sah sich bewundernd an. Ihre Haare, vor Zeiten sehr kurz und sehr grau, waren so lange nicht geschnitten worden, daß sie jetzt genau die Länge erreicht hatten, bei der nichts mehr mit ihnen anzufangen war. Dem Bademantel, den sie trug (überhaupt: Bademantel! So ungefähr das unelegantste Kleidungsstück, das sie kannte), fehlte rechts die Schlaufe für den Gürtel. Das heißt, sie fehlte nicht. Sie war nur an einem Ende abgerissen und hing als Verzierung über dem schief gebundenen Strick, den sie in Ermangelung des Passenden zum Gürtel erklärt hatte. Der rechten Socke – anstelle von Hausschuhen trug sie dicke Socken, eins von den beiden Paaren, die ihr toter Freund Beyer vor undenklichen Zeiten bei ihr vergessen hatte – fehlte ein Teil der Spitze. Es war nicht zu übersehen, daß zumindest der rechte große Zehennagel eine Erneuerung der Lackschicht oder zumindest die Entfernung der Überreste der alten hätte vertragen können.

Bella musterte sich einen Augenblick ernst und wohlwollend.

Willy, rief sie laut. Willy! Wir tendieren nach rechts!

Es blieb so still, daß Bella sich erstaunt umsah. Sie hatte, während sie im Sessel saß, auf die Elbe sah und sich von ihrem morgendlichen Training erholte, gehört, daß Willy gekommen und in die Küche gegangen war. In der Küchentür erschien sie jetzt auch, das Tablett mit dem Frühstück in den Händen.

Denken Sie daran, daß Sie vorhatten, Ihre Mutter heute nachmittag zu besuchen? Für den Fall, daß wir nach rechts tendieren, sollten wir vielleicht erst anschließend damit beginnen. Es würde uns eine Menge Auseinandersetzungen ersparen.

Ist Ihnen schon einmal aufgefallen, sagte Bella, während sie Willy entgegensah, ist Ihnen schon einmal aufgefallen, daß Sie, seit Sie bei mir arbeiten, fürchterlich vernünftig geworden sind? Fühlen Sie sich wirklich wohl bei dieser Arbeit? Wilhelmina von Laaken, genannt Willy, arbeitete für Bella. Sie tippte hin und wieder einen Brief und hatte ihr bis vor kurzem bei Ermittlungsaufträgen geholfen.

Jetzt hatte sie einen kleinen Tisch vor den Sessel gerückt, sich einen Stuhl herangeholt und das Frühstück vor Bella hingestellt.

Entschuldigung, sagte sie, stand auf, verschwand und kam gleich darauf mit ein paar Zeitungen und zwei Briefen zurück, die sie neben Bella auf den Fußboden legte. Sie setzte sich und begann zu frühstücken.

Bella beobachtete sie aufmerksam.

Na ja, sagte sie schließlich, ist ja vielleicht ganz gut, wenn wenigstens eine von uns dem Briefträger in vorschriftsmäßiger Kleidung die Tür öffnen kann. Aber Sie müssen zugeben, daß die Möglichkeit, nicht mehr mit der Raffgier, den unausgegorenen Gefühlen oder der Gemeinheit der Leute sein Brot verdienen zu müssen, durchaus erfreuliche Seiten hat. Stellen Sie sich vor, Sie würden jetzt in einem von diesen umgebauten Wohnzimmern sitzen, die in der Branchensprache üblicherweise Anwaltskanzlei genannt werden. Womit wären Sie beschäfigt? Mit der Eigentumsfrage. Mit irgendeinem lächerlichen Aspekt dieses theoretisch längst gelösten Problems. Sie wären sozusagen jeden Tag von neun bis fünf mit den Problemen des achtzehnten und neunzehnten Jahrhunderts befaßt. Würde Ihnen das Spaß machen? Mit *diesen* Problemen, meine ich? Selbstverständlich haben diese Jahrhunderte auch ihre angenehmen Seiten gehabt. Erinnern Sie sich?

Bella lehnte sich im Sessel zurück und schloß die Augen.

Kaiserkron und Päonien rot,
Die müssen verzaubert sein,
Denn Vater und Mutter sind lange tot,
Was blühn sie hier so allein?

Bella schwieg. Willy sah sie an. Sie sah eine ältere Frau mit unordentlichen Haaren. Das Stück Haut, das von dem spitzen Ausschnitt des Bademantels freigelassen wurde, war bräunlich und faltete sich zwischen den Brüsten zu einer scharfen Kerbe. Rechts und links der Nasenwurzel begannen braune Schatten, die sich unterhalb der Augen ausbreiteten. Bei genauerem Hinsehen wurde deutlich, daß die Mundwinkel nicht nach unten gezogen waren. Aber sie hätten es sein können.

Der Springbrunnen plaudert noch immerfort
Von der schönen alten Zeit,
Eine Frau sitzt eingeschlafen dort,
Ihre Locken bedecken ihr Kleid.

Sagte Willy sanft und biß so krachend in ihr Brötchen, daß Bella lachend die Augen öffnete.

Müssen wir heute unser Geld zählen, fragte Willy, als sie den Mund wieder frei hatte. Weshalb hat er das eigentlich getan?

Bella begann ebenfalls zu frühstücken. Einer ihrer letzten Kunden war ein sehr reicher junger Mann gewesen, der ihr, bevor er an Aids gestorben war, ein Viertel seines Vermögens geschenkt hatte. Sie waren einander sympathisch gewesen. Bella hatte ihm geholfen, ein paar wertvolle Bilder zurückzubekommen, die er auf ihren Rat hin anschließend einem Museum vermacht hatte. Nur einer seiner vielen Freunde war bis zuletzt bei ihm geblieben. Bella und dieser Freund, der ein weiteres Viertel des Vermögens erbte, hatten bei ihm gesessen, als er starb. Beide hatten sie von der Erbschaft erst ein paar Wochen später erfahren. Bella erinnerte sich an den Tod des jungen Mannes wie an etwas Ernstes und gleichzeitig Selbstverständliches. Es war einfach zu sterben, wenn man sein Leben richtig gelebt hatte. Auch, wenn man jung war.

Daneben, Bella Block, dachte sie, als ihr Blick auf die Zeitungen fiel, die auf dem Fußboden lagen. Es gibt kein richtiges Leben im falschen. Und der junge Mann ist auch nicht *einfach* gestorben. Er hat nur genügend Medikamente bekommen. Einfach ist nur, sich etwas vorzumachen über die Wirklichkeit. Einfacher jedenfalls, als sie auszuhalten.

Ich weiß nicht, sagte sie.

Sie hatte Willy vorgeschlagen, das Jurastudium so schnell wie möglich hinter sich zu bringen, um sich dann anderen, interessanteren Studiengängen zuzuwenden. Willy hatte sich für Astrophysik entschieden und hörte nebenbei hin und wieder bei den Germanisten zu. Hinterher gab es jedesmal heftige Auseinandersetzungen, denn Bella war der Meinung, daß durch das Studium der Germanistik ein fruchtbares Verhältnis zur Literatur, insbesondere zur Lyrik, zerstört werde.

Im Gegensatz zu Bella, die den unerwarteten Geldsegen mit größter Selbstverständlichkeit entgegengenommen und ihr Leben neu organisiert hatte, war Willy das neue Leben fremd und nicht ganz geheuer. Im Grunde erwartete sie jeden Tag ein Unglück, und Bella hatte große Mühe, ihr nahezubringen, daß diese Haltung nichts weiter war als das Resultat christlich-abendländischer, kleinbürgerlicher Erziehung; ein Argument, dem Willy nichts wirklich Entscheidendes entgegenzusetzen hatte, so daß sich ihrer beider Leben im Grunde durchaus angenehm gestaltete. Willy kam morgens zum Frühstück, ging danach in irgendwelche Vorlesungen, kam einmal in der Woche zum Putzen und nach Bedarf, wenn Bella ihr die Ergebnisse ihrer Arbeit vortragen, ein Buch mit ihr besprechen oder einfach nur Gesellschaft haben wollte. Bella stand früh auf, lief vor dem Frühstück einmal die Elbe rauf und runter, las die Zeitungen und sammelte Material zu einer Arbeit über eine neue Interpretation der Bedeutung des Pergamon-Altars. Willy, die Bellas Forschungen mit großem Interesse verfolgte, war der Auffassung, daß die Ergebnisse der Arbeit unbedingt in Buchform veröffentlicht werden müßten. Bella teilte diese Ansicht nicht.

Heute ist Dienstag, sagte Willy. Ich würde gern mitkommen. Haben Sie etwas dagegen?

Dienstag war der Tag, an dem Bella regelmäßig nachmittags ihre Mutter besuchte.

Natürlich nicht. Wir treffen uns um sechzehn Uhr bei ihr.

Bella griff nach den Briefen auf dem Fußboden, während Willy das Frühstücksgeschirr in die Küche trug. Gleich darauf knallte die Haustür ins Schloß. Bella war allein.

Dienstag, dachte sie und zog einen Stuhl näher heran. Um sich von den anstrengenden Besuchen bei ihrer Mutter zu erholen, hatte sie sich angewöhnt, anschließend bei Eddy vorbeizuschauen. Sie hatte ihn ziemlich schnell dazu gebracht, dienstags seinen Laden etwas früher zu schließen. Danach tranken sie ein Glas zusammen, schliefen miteinander, auf dem großen Tisch im Hinterzimmer oder wo es ihnen sonst gerade einfiel, tranken noch ein Glas zusammen und sprachen über dies und das, bis das Taxi kam. Das Taxi kam morgens gegen fünf und brachte Bella nach Hause. Früher waren bei den Gesprächen mit Eddy oft nützliche Informationen für ihre Arbeit abgefallen. Die Informationen brauchte sie nun nicht mehr, aber sie sprach trotzdem gern mit ihm darüber, was in der Szene geschah. Viele der kleinen und großen Ganoven kannte sie, und sie beobachtete mit Vergnügen, daß einige darunter waren, die durchaus geeignet gewesen wären, Minister oder Abgeordnete zu ersetzen. Den Einwohnern der Stadt wäre es dabei sicherlich nicht schlechter gegangen. Eddy nahm eine Weile noch an, daß sie noch immer als Privatdetektivin arbeitete, und gab sich große Mühe, ihr zu beweisen, was für einen lächerlichen, überflüssigen Beruf sie hatte.

Jede Puffmutter macht eine sinnvollere Arbeit als du, pflegte er zu sagen. Das Argument, daß sie sich nicht kennengelernt hätten, wenn Bella nicht aus Ermittlungsgründen in seinem Lokal aufgetaucht wäre, ließ er nicht gelten.

Du hättest wirklich eine prima Puffmutter abgegeben, wiederholte er grinsend, und Bella hatte Gelegenheit, den Satz anzubringen, den sie gerade in Peter Weiss' Tagebüchern gefunden und der ihr sehr imponiert hatte.

Wenn die ganze Welt Kopf steht, sagte sie kühl, dann muß man sich nicht wundern, wenn man hin und wieder einem Arsch begegnet.

Kurz und gut, das Verhältnis zu Eddy war durchaus zu den positiven Entwicklungen ihres Lebens zu rechnen.

Sie nahm auch die Zeitungen vom Fußboden auf und las flüchtig die Rückseiten der Briefumschläge, bevor sie sie ungeöffnet auf den Tisch legte. An manchen Tagen, daran hatte sie sich gewöhnt, war sie nicht in der Lage, die Briefe zu öffnen, die sie bekam. Genauso, wie sie nicht in der Lage war, das Geschwafel in den Zeitungen zu ertragen. Bellas Abneigung gegen Journalisten hatte allerdings in einem Umfang zugenommen, der über das normale Maß hinausging. In diesem, und wahrscheinlich nur in diesem Punkt stimmte sie vollkommen mit ihrer Mutter überein, die, als sich in der intellektuellen Öffentlichkeit eine gewisse Unruhe auszubreiten begann angesichts der freiwilligen Unterordnung der deutschen Journalisten unter die Zensur des US-amerikanischen Geheimdienstes während des Golfkrieges, kühl zu sagen pflegte: Wenn sie gelesen hätten, was bei Lenin über bürgerlichen Journalismus steht, und, noch besser, wenn sie es rechtzeitig begriffen hätten, würden sie sich jetzt nicht aufregen.

Wenige Tage nachdem Olga auf diese Weise zum ersten

Mal in der Diskussion ein paar intellektuelle Spießbürger matt gesetzt hatte, war sie auf die Idee gekommen, sich einen Stapel Kopien einer besonders eindrucksvollen Lenin-Passage anzufertigen, den sie mit sich herumtrug und von dem sie, wenn das Gespräch auf die Fernsehzensur kam, wortlos Blätter verteilte. Die Wirkung war, zumindest bei einigen, geringer, als wenn sie laut zitiert hätte; was vermutlich damit zusammenhing, daß das schriftliche Zitat die Herrschaften peinlich berührte. Das Schriftbild erinnerte sie an einen Teil ihrer Vergangenheit, den sie gern vergessen hätten.

Also keine Briefe, keine Zeitungen heute.

Seufzend stand Bella auf, raffte den Bademantel, dessen Halt durch den locker geschlossenen Ersatzgürtel nicht gesichert war, mit einer entschlossenen Handbewegung über dem Bauch zusammen und ging hinüber zum Schreibtisch, um zwischen den Büchern zu kramen, die dort lagen.

...du lachst und weinst und gehst an dir zugrund, was soll dir noch geschehen...

Sie nahm, nachdem sie Block und Bleistift in die Taschen des Bademantels gesteckt hatte, den Stapel Bücher auf beide Arme, stieg die Treppe hinauf, legte die Bücher auf die Decke, zog den Bademantel aus und kroch zurück ins Bett.

Der Himmel war von durchsichtigem Blau. Die Wolken davor zogen ruhig über die Elbe. Hin und wieder kreuzte eine Barkasse den Fluß, und einmal segelte eine Möwe so nahe an Bellas Fenster vorbei, daß sie die feinen schwarzen Teerklumpen auf den Schwimmhäuten der Füße deutlich sehen konnte. Der Tag versprach, so angenehm zu werden, wie es unter solchen Umständen möglich war.

Gegen Mittag – Bella hatte sich zurückgelegt, um ein wenig zu schlafen, wurde aber daran gehindert, weil ihr einige Zeilen nicht aus dem Kopf gingen, die sie gerade gelesen hatte – begann irgend jemand an ihrer Haustür zu klingeln. Vergeblich versuchte sie eine Weile, die Klingel zu überhören.

O wer denn dachte dran
Daß das Herz altern kann.

Merkwürdig beunruhigende Worte.
Das Klingeln hörte nicht auf. Schließlich stand sie auf, zog den Bademantel über und lief hinunter, um nachzusehen, wer so hartnäckig vor der Tür stehenblieb, obwohl doch eigentlich deutlich geworden sein mußte, daß sie keine Lust hatte zu öffnen.

Vor der Tür stand eine Frau in Jeans und schwarzer Lederjacke.

Ach, sagte Bella, nachdem sie die Frau kurz und prüfend angesehen hatte, zu meiner Zeit galten Stoffblousons als unauffällig. Wie schön, daß auch die Ordnungsmacht sich dem allgemeinen Trend zum Luxus anpaßt. Geht sicher auch gar nicht anders. Wie soll denn das Volk Respekt haben, wenn die Gesetzeshüter...

Frau Block, die Polizistin sprach leise, und obwohl ihre Stimme fest war, hörte Bella einen unsicheren Unterton heraus, der sie ihr forsches Gerede bedauern ließ, Frau Block? Ein Kollege, den Sie kennen, hat mir geraten, Sie aufzusuchen. Kranz, erinnern Sie sich?

Natürlich erinnerte sich Bella. Sie hatte zweimal in den letzten Jahren als Privatdetektivin mit Kranz zu tun gehabt. Er hatte versucht, sie zu trösten, als ihr Freund Beyer gestorben war. Und er war auf der Insel gewesen, als sie, anstatt Urlaub zu machen, den unfreiwilligen und ergebnislosen Versuch gemacht hatte, einen Teil der internationalen Drogenmafia zu beeindrucken. Kranz gehörte zu einem Abschnitt ihres Lebens, den sie als abgeschlossen betrachtet hatte, was ihr plötzlich, während sie immer noch in der Tür stand und die Polizistin musterte, zumindest nur als ein Teil der Wahrheit vorkam. Sie war über die Entdeckung beunruhigt, ja fast verärgert, und ihre Neigung, die Frau hereinzubitten, die von Anfang an nicht besonders groß gewesen war, nahm noch weiter ab.

Kommen Sie herein, sagte sie freundlich, sich rechtzeitig an ihren Grundsatz erinnernd, daß man unangenehmen Sachen am besten dadurch begegnet, daß man sie so schnell wie möglich erledigt. Sie zeigte der Frau den Weg in den Wohnraum, lief nach oben, um den Bademantel loszuwerden, und erschien drei Minuten später, einigermaßen angezogen, mit der Thermoskanne, die Willy mit Kaffee gefüllt hatte, zwei Bechern, zwei Gläsern und einer Flasche Grappa ebenfalls dort. Die Frau stand zwischen Stapeln von Büchern – es waren tatsächlich alle Stühle belegt, und sie hatte sich nicht getraut, Bücher herunterzunehmen – und heulte. Heulende Frauen waren Bella ein Greuel. Schweigend stellte sie das Tablett auf den Schreibtisch, räumte zwei Sitzgelegenheiten frei, schenkte Grappa und Kaffee ein und wartete. Schließlich setzte sich die Polizistin und trank den Grappa. Bella fand den Zeitpunkt gekommen, zu sagen, was sie zu sagen hatte.

Irgendwelche Affären innerhalb der Polizei interessieren mich nicht, sagte sie. Ebensowenig der Kriminalitätsanstieg in den neuen Bundesländern und die dadurch ausgelöste Arbeitsbelastung für die Polizei. Sollten Sie oder ein Kollege von

Ihnen Probleme damit haben, daß vor ein paar Tagen durch den gezielten Todesschuß eines Ihrer Kollegen ein vierzehnjähriger Junge umgebracht wurde – die Beteiligung des Psychologen Kranz könnte ja an ein Problem dieser Art denken lassen –, so sollten Sie wissen, daß zumindest die Mehrheit der Bürger in den sogenannten alten Bundesländern hinter Ihnen steht. Sind Sie aber – Bella warf einen prüfenden Blick auf die Frau, die sie aus verheulten Augen erstaunt ansah –, was ich übrigens nicht glaube, zufällig mit einem der zur Zeit üblichen Fälle von Wirtschaftskriminalität befaßt, so möchte ich Sie mit einer Erkenntnis des Humanisten Erasmus von Rotterdam bekannt machen.

Sie nahm ein kleines rotes Heft, das unter einem Bücherstapel gelegen hatte, vom Schreibtisch, blätterte kurz und las:

> Stiehlt einer ein Geldstück, dann hängt man ihn. Wer öffentlich Gelder unterschlägt, wer durch Monopole, Wucher und tausenderlei Machenschaften noch so viel zusammenstiehlt, wird unter die vornehmen Leute gerechnet.

Sie legte das Heft zur Seite und sah die Polizistin erwartungsvoll an.

Sie haben doch nicht etwa einen dieser vornehmen Kunden, einen Treuhand-Mitarbeiter vielleicht, der Ihnen durch die Finger glitscht wie der Köchin der Aal?

Ich heiße Eva Bentrupp, sagte die Polizistin.

Sie nahm widerspruchslos den zweiten Grappa, trank aber diesmal Kaffee hinterher.

Ich bin gekommen, weil ich Sie um Unterstützung bitten möchte. Ich finde, die Kollegen von der Kripo kommen nicht weiter. Kranz meinte, Sie seien die Richtige dafür. Ich bin

Streifenpolizistin. Zu meinem Revier gehört der Hoffnungsberg.

Vor Bellas innerem Auge entstanden Betonwände, verdreckte Spielplätze und Schäferhunde in Zweieinhalbzimmerwohnungen.

Drei Mädchen sind dort in der letzten Zeit umgekommen. Und ich denke ständig darüber nach, ob dabei nachgeholfen wurde. Aus irgendeinem Grund arbeitet die Kripo anders als früher. Jedenfalls kommt es mir so vor. Kranz meint das nicht. Aber ich kann mir nicht erklären, weshalb es dann nicht möglich sein soll, die Sache aufzuklären. Das letzte Mal ist meinem Kollegen und mir ein Mädchen fast auf das Auto gefallen. Ich habe eine solche Abneigung gegen diesen Teil des Reviers entwickelt, daß ich Schwierigkeiten hatte, meine Arbeit dort ordentlich zu machen. Ich möchte aber gern dabei bleiben. Ich war früher schon mal bei der Polizei. Bevor die Kinder da waren. Deshalb habe ich mit Kranz zu tun. Er hat mir geraten, Sie zu fragen, ob Sie dort ein wenig die Augen offenhalten könnten. Geheult habe ich, weil mir, während ich hier stand, klar wurde, daß Sie es nicht tun würden.

Das ist richtig, sagte Bella.

Sie und die Polizistin Eva Bentrupp saßen sich einen Augenblick gegenüber und sahen einander an. Sie erhoben sich gleichzeitig. Bella folgte der Bentrupp zur Haustür. Ihr Danke-für-den-Grappa klang durchaus gefaßt. Bella blieb an der Haustür stehen und sah ihr nach, bis sie unten an der Straße in einen Streifenwagen einstieg, der sich gleich darauf in Bewegung setzte. Sie sah auf die Uhr. Es blieb ihr nicht mehr viel Zeit, wenn sie die zusammengesuchten Sachen, die sie trug, gegen irgend etwas eintauschen wollte, das vielleicht in den Augen ihrer Mutter Gnade finden würde.

Na, fragte Bentrupps Kollege Vogel, was hat sie gesagt, deine berühmte Bella Block? Will sie? Sie will nicht. Vogel blieb eine Weile still. Bentrupp sah ihn von der Seite an. Sie hätte gern gewußt, weshalb er so einen zufriedenen Eindruck machte.

Privatdetektive sind das Letzte, sagte er endlich. Es klang, als atme er auf. Du kennst diese Heinis doch. Oder hast du schon mal einen gesehen, der etwas taugt? Ich hab das sowieso nicht verstanden. Und dann noch 'ne Frau. Auch wenn sie bei uns gewesen sein soll. So viel kann doch mit ihr nicht los gewesen sein. Wer geht denn für so einen miesen Job von der Polizei weg? Da war was nicht in Ordnung. Darauf würde ich wetten. Wie sah sie überhaupt aus?

Eva Bentrupp hatte nur noch mit halbem Ohr zugehört, als sie merkte, daß Vogel ihr eine Zusammenfassung des Vortrags lieferte, den er ihr schon auf dem Hinweg gehalten hatte.

Wohin fährst du, fragte sie.

Was, wohin? Wir fahren, weil wir Dienst haben. Ist dir das entgangen?

Sie antwortete nicht. Es war kurz vor vier, und der Feierabendverkehr verstopfte die Straßen. Anscheinend hatte Vogel es ebensowenig eilig wie sie, zum Hoffnungsberg zu kommen. Er blieb auf der rechten Spur, hinter einem LKW. Es dauerte eine halbe Stunde, bis sie ihr Revier erreichten.

Ich werd allein die Augen offenhalten, dachte sie. Natürlich hat er recht. Diese Niederlage hätte ich mir ersparen können. Dem Kranz werd ich bei Gelegenheit erzählen, was aus seiner bewunderten Bella Block geworden ist. Eine fette, überhebliche, schlampige Alte. Mit der hätte ich sowieso nicht zusammenarbeiten können. Erasmus von Rotterdam. Und wenn sie schon so schlau ist, dann hätte sie auch wissen können, daß der Bundesgerichtshof in einer ähnlichen Situation einen Kollegen freigesprochen hat, dem ein längeres Abwägen oder eine Rücksprache mit erfahrenen Kollegen nicht möglich war, weil nur ein sofortiger Schuß Erfolg versprach. Da braucht sie gar nicht die Mehrheit der Bevölkerung zu bemühen. Als ob Polizisten wie Killer durch die Gegend liefen. Sie kannte Kollegen, die am liebsten gar keine Waffe getragen hätten.

Auf diese Weise entlastete die Polizistin Eva Bentrupp ihr Gewissen von den Wahrheiten, die Bella ihr gesagt hatte; denn den meisten Menschen ist es nicht möglich, mit der Wahrheit zu leben. Weshalb sie alle möglichen Auswege suchen, Sekten, die ihnen die Wiedergeburt versprechen, anhängen, weil sie den Gedanken an den Tod nicht ertragen können, oder an Gott glauben, weil sie es nicht aushalten, der Leere um sie herum keinen Namen zu geben. Selbstverständlich aber sind alle Mühen, der Wahrheit eine Welt von Illusionen entgegenzusetzen, nur dazu angetan, die als unerträglich empfundenen Verhältnisse zu festigen. Diese Tatsache mochte der tiefere Grund dafür sein, daß Bella der Polizistin Eva Bentrupp von Anfang an so ablehnend gegenüberstand. Bella, die seit vielen Jahren in der Überzeugung lebte, nur dadurch vor sich selbst bestehen zu können, daß sie sich möglichst wenig Illusionen machte, weder über sich selbst noch über die Verhältnisse, mit denen sie zu tun hatte, hatte die Bentrupp sofort für eine typische Vertreterin der Illusions-Mafia gehalten. So nannte sie bei sich Menschen, die bemüht waren, gesellschaftliche Verhältnisse so lange zu verkleistern, bis sie eine erträgliche Pampe abgaben.

Hätte die Frau, konfrontiert mit dem alltäglichen Elend, nicht andere Wege beschreiten müssen als sie, Bella Block, dazu anzuheuern, irgendwelche Täter zu finden? Jeder Täter, den die Polizei fand, war ein Steinchen in der Mauer, die die Sicht auf die Wirklichkeit versperrte. Hätte diese Block, wenn sie wirklich die engagierte Frau gewesen wäre, als die Kranz sie geschildert hatte, nicht ihr bei der Suche nach Zusammenhängen und Schuldigen helfen müssen, anstatt sie mit Bosheiten über das Innenleben der Polizei und von der Presse aufgebauschten Todesschuß-Meldungen zu überfallen?

Ja, so stand es um die Beziehung oder besser Nicht-Beziehung der beiden Frauen, als der Streifenwagen mit dem Polizisten Vogel am Steuer und Eva Bentrupp auf dem Beifahrersitz den Hoffnungsberg erreichte und vor einem der Hochhäuser in der Nähe des Einkaufszentrums hielt, vor dem sich ein kleiner Menschenauflauf angesammelt hatte.

Sieht aus, als wäre mal wieder einer vom Dach gefallen, murmelte Vogel, während die Leute vor ihnen zurückwichen. Sie waren ausgestiegen, um den Auflauf in Augenschein zu nehmen. Aber es lag nur eine halbtote Katze auf der Straße, die von Balkon zu Balkon gefallen und zum Schluß kurz auf einer Wäscheleine hängengeblieben war, bevor sie auf die Straße fiel. Den beiden blieb nichts anderes übrig, als das Tier zu erschießen.

Was ist los, fragte Bella, als ihre Mutter die Tür öffnete. Sie hatte schon eine ganze Weile auf den mit hellgrüner Ölfarbe gestrichenen Putz gestarrt und überlegt, ob sie dem Fladen, der sich neben der Klingel gelöst hatte, einen Stubs geben und ihn damit aus seiner unsicheren Position befreien sollte, als Olga endlich die Tür öffnete. Sie hatte kleine rote Flecke auf den Wangen, ihre Bluse, zu deren Beschreibung Bella bis zu diesem Zeitpunkt nie etwas anderes als das Wort *adrett* eingefallen wäre, hing halb aus dem Rockbündchen. Und sie trug Hausschuhe. Olga in Hausschuhen, nachmittags um sechzehn Uhr, in Erwartung des Besuchs von Bella und Willy!

Aus dem Wohnzimmer, dessen Tür geschlossen war, hörte Bella deutlich die Stimme eines Mannes und einer Frau.

Komm in die Küche, sagte Olga.

Sie zog Bella, die auf die Wohnzimmertür zugegangen war, in die Küche und schloß die Tür. Sie lehnte sich mit dem Rücken an den Herd. Als sie an sich heruntergesehen hatte, begann sie, die Bluse in den Rock zu stopfen, ließ es aber gleich darauf wieder sein.

Bella lehnte sich ans Fenster. Sie spürte das Holz der Fensterbank in ihrem Rücken, während sie dachte: Klein ist sie geworden. Weshalb ist mir das bisher nicht aufgefallen. Sie ist ja winzig.

Also, was ist los? fragte sie noch einmal.

Olga! kommst du?

Bella kannte die Stimme nicht. Es war eine Frauenstimme, kräftig genug, um durch die geschlossenen Türen zu dringen.

Wer ist das?

Sie sah ihre Mutter an und wartete. Die stand da, suchte nach Worten – Olga suchte nach Worten –, bis ihr endlich ach was zu sagen einfiel und sie entschlossen die Tür öffnete.

Wir kommen, rief sie laut in Richtung Wohnzimmer, und zu Bella gewandt sagte sie: Du wirst schon sehen.

Dann ging sie voran.

Bitte entschuldige meinen Aufzug, aber wir waren, mir tun einfach die Füße weh, wir waren den ganzen Tag unterwegs und sind gerade erst zurückgekommen. Wir waren...

Bella hörte nicht mehr zu. Sie sah den Mann und die Frau auf dem Sofa an, die ihr aufmerksam, fast ein wenig feindselig entgegenblickten, so, als könne von ihr eine Störung ausgehen, die hinzunehmen sie nicht bereit waren. Sie hatten ihre Schuhe neben das Sofa gestellt. Der Mann trug strahlendweiße Socken.

Guten Tag, sagte Bella. Ich geh dann mal in die Küche und koch uns einen Kaffee.

Es klingelte. Sie verließ das Wohnzimmer und öffnete im Vorübergehen die Haustür für Willy.

Willy hatte, seit sie Bellas Mutter kannte, offen ihre Bewunderung für sie gezeigt. Sie kam nie ohne einen Rosenstrauß, nachdem Olga sich beim ersten Mal für die roten Nelken bedankt und gesagt hatte, Rosen seien ihr lieber. Und noch niemals hatte sie, wenn sie zusammen mit Bella nach einem Nachmittag an Olgas Kaffeetisch wieder gegangen war, darauf verzichtet festzustellen, daß sie die Kommunistin Olga für ein *Stück lebendiger Geschichte* hielt. Sie haben es gut. Solche Mutter hätte ich auch gern gehabt, pflegte sie zu sagen, und Bella lächelte ihr freundlich zu. Dabei dachte sie an die vielen kleinen Zettel, die sie als Kind geschrieben und auf den Küchentisch gelegt hatte, während ihre Mutter Abend für Abend unterwegs gewesen war, um Geschichte zu machen.

Schreib es auf, Bella, mein Kind.

Wie gut sie sich an diesen Satz erinnerte. Natürlich war keine Frage unbeantwortet geblieben, wenn sie auch häufig nur einen kurzen Hinweis erhalten hatte: Nachlesen bei Lenin, ungefähr Band dreißig, oder: In der alten Block-Ausgabe findest du einen Brief, in dem dein Großvater seine Haltung zu dieser Frage skizziert hat.

Eine dieser Antworten des Großvaters war ihr wörtlich im

Gedächtnis geblieben. Damals hatten alle Mädchen in ihrer Klasse eine besondere Art von Pullover getragen, und sie hätte sehr gern auch so einen Pullover gehabt. Natürlich war ihr klar gewesen, daß sie sehr wenig Geld hatten. Und trotzdem hatte sie ihren Wunsch auf einen Zettel geschrieben. Vielleicht – jedenfalls hatte ihr die Mutter eine konkrete Stelle bei Block angegeben. Und dann hatte sie gelesen:

Versteh doch endlich diese höchst einfache Sache: ...daß alle moderne Produktion von Sachen trivial ist und keinen zerbrochenen Heller wert und man deshalb nur Bücher und die allernotwendigsten Dinge kaufen kann.

Sie hatte, wie über alle Antworten, die sie bekam, lange darüber nachgedacht und war endlich zu dem Schluß gekommen, daß ihr Großvater im Recht war. Und dennoch war ein kleiner Schmerz zurückgeblieben, den sie jetzt – am Herd stehend und Kaffee kochend für zwei schuhlose Mitbürger aus den neuen Bundesländern, ihre halbaufgelöste Mutter und Willy mit dem Rosenstrauß – so deutlich spürte wie vor mehr als vierzig Jahren.

Würden Sie die Tassen mit hineinnehmen, fragte sie Willy. Es kann übrigens sein, daß das Gespräch da drinnen heftigere Formen annimmt. Könnten Sie sich bemühen, sich möglichst wenig einzumischen?

Willy, fünf Tassen balancierend und den Rosenstrauß unter dem Arm, antwortete nicht. Sie verließ die Küche, und Bella folgte ihr wenig später mit der heißen Kaffeekanne.

Ach, Sie sind Studentin, sagte der Mann gerade, als sie das Zimmer betrat. Ja, Studenten hatten wir auch.

Bella schenkte Kaffee ein und sah verstohlen zu ihrer Mutter hinüber, die winzig und kerzengerade im Sessel saß und ihren Gast mit großen Augen ansah. In seiner Stimme hatte ein Ton mitgeschwungen, der am ehesten als eine Mischung aus Bedauern darüber, daß es in der DDR Studenten gegeben hatte und er sich nicht wegen des Fehlens eines solchen Bevölkerungsteils bemitleiden lassen konnte, und einer gewissen Verachtung, die zum Ausdruck bringen sollte, daß DDR-Studenten selbstverständlich nicht mit Weststudenten zu vergleichen waren, zu beschreiben war.

Ja, und? fragte Olga.

Na ja, sagte der Mann. Sie waren natürlich nicht frei.

Möchtest du mich deinen Gästen nicht vorstellen?

Bella strahlte ihre Mutter an. Sie wußte, was jetzt kam, und versuchte, den Augenblick hinauszuzögern. Auch Willy sah den Mann auf dem Sofa erstaunt an. Olga holte tief Luft. In der Sekunde, bevor das Gewitter losbrach, hatte Bella den rettenden Einfall. Sie stellte die Kaffeekanne ab, legte die Handflächen aneinander und sah einen Augenblick hingebungsvoll zur Decke auf. Dann nahm sie, als sei nichts geschehen, und es war ja auch nichts geschehen, die Kanne vom Tisch und füllte langsam und sorgfältig die restlichen leeren Tassen.

Oh, entschuldigt, darf ich euch meine Tochter vorstellen, hörte Willy erstaunt. Bella, das sind Herr und Frau Schmidt, ehemalige Genossen aus der DDR. Wir waren heute den ganzen Tag in der Stadt. Nur beim Michel hab ich gestreikt. Aber die Reeperbahn haben sie gesehen.

Später, als sie wieder auf der Straße waren, wollte Willy wissen, wie Bella es fertiggebracht hatte, ihre Mutter so schnell zu besänftigen. Bella erklärte, ihr sei plötzlich eingefallen, daß ihre Mutter und sie früher ein Zeichen gehabt hatten, um sich zu verständigen, wenn jemand etwas so offensichtlich Dummes gesagt hatte, daß eine Antwort darauf nichts weiter als Zeitverschwendung gewesen wäre.

Man legt die Handflächen aneinander, sieht zum Himmel und tut dann so, als sei nichts gewesen, sagte sie. Ich weiß nicht, weshalb mir das ausgerechnet vorhin wieder eingefallen ist.

Ach, deshalb hat Olga vorhin so schön gelächelt, als sie Bella den beiden vorstellte. Sie hat sich erinnert, dachte Willy.

Längere Zeit gingen die beiden schweigend nebeneinander her. Sie erreichten die Außenalster. Willy blieb stehen und sah auf die ruhige Wasserfläche und die sanften Arme der Trauerweiden, die sich weigerten, das Wasser zu berühren, so, als wollten sie sich die Fingerspitzen, mit denen sie, wenn es dunkel geworden war, die Rücken der schlafenden Schwäne berühren würden, nicht naß machen.

Wie schön, hörte Bella Willy sagen.

Sie legte ihre Hand auf Willys Arm und wies auf die gegenüberliegende Straßenseite. In der beginnenden Dämmerung betraten junge Leute eine alte Villa. Sie waren elegant gekleidet, in schwarzes Leinen und schwarzen Kaschmir, die Mädchen mit weißen Gesichtern und großen, schwarz umrandeten Augen; Ohrgehänge von riesigen Ausmaßen fielen auf ihre schmalen Schultern herab.

Sehen Sie da drüben das Haus? Da drinnen sitzt jetzt ein Dichter, kann auch eine Dichterin sein, und liefert den literarischen Vorwand dafür, daß Hamburgs feine Jugend mit einem Glas Sekt in der Hand abends in angenehmer Atmosphäre unter sich bleibt. Wo anders hätte dieses Haus liegen können als hier? Können Sie sich vorstellen, wie es ist, wenn man, angeregt durch klingende Worte, leichten Wein und Entenbrustfilets auf Salaten der Saison, gegen Mitternacht an der Alster nach Hause wandert? Wunderbare Zeilen hat die Dichterin gerade zitiert:

Sieh dich nicht um.
Schnür deinen Schuh.
Jag die Hunde zurück.
Wirf die Fische ins Meer.
Lösch die Lupinen!

Es kommen härtere Tage.

Wie recht sie hat, denkt da der junge Mann im ungebügelten Leinenjackett. Es kommen wirklich härtere Tage. Ein Jahr New York und anschließend gleich in die Firma.

Was ist los, fragte Willy. Ich hab Sie schon lange nicht mehr mit so schlechter Laune erlebt.

Ich bin im Begriff, eine Dummheit zu machen.

Bella ging weiter, ohne noch einen Blick auf die Villa zu werfen.

Kann ich mich beteiligen?

Ja, Sie können mir die Sache ausreden.

Dann wäre es besser, Sie erzählten mir, worum es geht.

Ja, natürlich. Entschuldigen Sie, Willy. Nur weiß ich fast ebensowenig wie Sie. Aber das Wenige... Also, am Hoffnungsberg sind drei Mädchen ums Leben gekommen.

Stand in der Zeitung, glaube ich, sagte Willy.

Höchstwahrscheinlich Unfälle, Selbstmorde oder sonst etwas Unverfängliches. Die Kripo kommt mit den Ermittlungen nur sehr langsam voran. Eine Streifenpolizistin hat den Betonkoller und mußte sich zu Kranz in Behandlung begeben. Das ist alles.

Eine Weile schwieg Willy. Kies knirschte unter ihren Füßen.

Sie wollen gar nicht, daß ich es Ihnen ausrede. Und daß Sie

so schlechte Laune haben, liegt daran, daß Sie noch nicht wissen, wie Sie die Sache anpacken sollen. Ich sag's Ihnen, wie es ist. Und was den Einstieg betrifft, so ist es auf jeden Fall das beste, wenn Sie mich von Anfang an beteiligen. Ich könnte...
Willy.
Willy sprach nicht weiter. Sie erreichten Bellas Wagen und stiegen ein. Als Bella startete, hielt ein Streifenwagen neben dem alten Porsche. Er hielt so, daß sie den Parkstreifen nicht verlassen konnte. Bella stellte den Motor wieder ab.
Dürfte ich mal Ihre Papiere sehen?
Der Polizist, der den Wagen verlassen hatte – sein Kollege war hinter dem Steuer sitzen geblieben –, stand breitbeinig da. Er hatte seine Pistolentasche geöffnet, aber die Waffe steckte noch darin.
Schweigend reichte Bella ihm Ausweis, Führerschein, Fahrzeugpapiere. Es war zu dunkel, als daß der Mann sie hätte lesen können.
Moment, sagte er und ging zurück an seinen Wagen.
Gleich darauf kam er mit einer Taschenlampe wieder, baute sich breitbeinig auf und begann betont langsam, die Papiere im Schein der Taschenlampe zu studieren. Bella und Willy beobachteten ihn gespannt. Schließlich beugte er sich vor, leuchtete in den Wagen und betrachtete die Gesichter der beiden Frauen eingehend.
Und wer ist das, fragte er dann und deutete mit der Lampe auf Willy.
Die sah, wie die Knöchel von Bellas Hand am Lenkrad heller wurden.
Sie antwortete nicht, und auch Willy sagte nichts.
Ist ja auch egal, sagte der Polizist. Wenn wir euch kriegen wollen, dann kriegen wir euch schon.

Er ließ Bella die Papiere in den Schoß fallen und wandte sich ab. Sein Kollege, der die ganze Zeit nicht zu ihnen herüber, sondern konsequent geradeaus gesehen hatte, setzte den Wagen langsam in Bewegung. Er fuhr rückwärts, wendete gleich darauf und verschwand in die Richtung, aus der er gekommen war. Bella steckte die Papiere in ihre Jackentasche und fuhr an.

Kannten Sie die?

Bella schüttelte den Kopf. Sie hatte keinen der beiden jemals vorher gesehen.

Was...

Ich nehme an, sie fahnden nach irgendwelchen Staatsfeinden.

Diesmal blieb Willy stumm. Sie hatte einen ganz anderen Eindruck gehabt. Und sie konnte sich nicht vorstellen, daß Bella die Drohung nicht bemerkt hatte, die von den Polizisten ausgegangen war.

Lassen Sie uns ein anderes Mal weiterreden, sagte Bella.

Willy sah ihr nach, als sie davonfuhr, während sie abwesend in der Manteltasche nach dem Haustürschlüssel suchte. Vielleicht bemerkte sie deshalb nicht, daß die Haustür nur angelehnt worden war und sie den Schlüssel gar nicht gebraucht hätte.

Eddys Laden war um diese Zeit noch leer. Der Andrang begann gegen Morgen, wenn die Frauen ihren Schlaftrunk nahmen und die Nachtschwärmer auf die erste Bahn warteten. Eddy stand hinter der Theke, hatte sich vorgebeugt und schrieb etwas in ein schwarzes Heft, das vor ihm lag. Er trug eine Brille und sah beinahe bieder aus.

Aber eben nur beinahe, dachte Bella. Man muß nur etwas genauer hinsehen.

Sie standen allein am Tresen. Der Kellner würde erst später kommen, wenn der Betrieb richtig losging. Am Tisch neben der Eingangstür schlief eine Frau, den Kopf auf die Arme gelegt, neben sich die beiden Tüten, die ihren Besitz enthielten.

So früh?

Eddy grinste Bella an. Du weißt doch, daß es jetzt nicht geht.

Eines Tages, mein Lieber, nehme ich mir einen jungen Mann. Dann wird es dir leid tun, daß du dich mir gegenüber jemals schlecht benommen hast.

Kann ich mir nicht vorstellen. Du, eine Frau von Geschmack.

Eddy schob das Heft beiseite und griff nach der Wodkaflasche.

Kaffee, sagte Bella, keinen Schnaps. Ich hab keine Lust, der Zwergenbande in die Hände zu geraten.

Zwergenbande nannte Eddy die Polizei, weil dem Innenminister, dem sie unterstellt war, etwa dreißig Zentimeter Körperlänge, vierzig Pfund Lebendgewicht und einige andere, nicht so leicht meßbare Eigenschaften fehlten, um eine in Eddys Augen imposante Figur abzugeben.

Seit wann fürchtest du dich vor denen?

Eddy ließ die Flasche stehen und goß Kaffee in einen Becher.

Seit sie beschlossen haben, mich zu fürchten, antwortete sie großspurig.

Eddy sah sie aufmerksam an. Ich denke, du liest langweilige Bücher, schreibst Leserbriefe, trinkst Schnaps und siehst auf die Elbe. Bist du rückfällig geworden?

Noch nicht.

Bella setzte den Becher ab und sah zur Tür. Ein Mann auf Krücken kam herein, blieb stehen und sah sich um. Gleich würde er an den Tresen kommen. Sie wandte sich Eddy zu, der den Mann ebenfalls beobachtet hatte.

Ihre Blicke trafen sich.

Womit beschäftigen sie sich, wenn sie Feierabend haben. Ist Geld im Spiel. Irgendwelche Spielcasinos. Geben einer oder mehrere mehr Geld aus, als sie eigentlich sollten. Gilt einer als besonders anständig. Rivalitäten. Wichtigtuereien. Alles in dieser Preislage. Bald.

Das ist 'ne Menge, sagte Eddy. Er sprach langsam und ließ Bellas Blick nicht los. Heißes Ding?

Keine Ahnung. Vielleicht auch falscher Alarm. Bis wann kannst du etwas herausbekommen?

Ein paar Tage wird's schon brauchen. Drei oder vier. Aber komm nicht wieder so früh. Du schuldest mir eine Partie Billard.

Er grinste auf eine Art, die er für verführerisch hielt und die merkwürdigerweise auf Bella auch so ähnlich wirkte.

Ist gut, sagte sie.

Der Mann auf Krücken hatte den Tresen erreicht. Sein rechtes Hosenbein war umgeschlagen und mit einer großen Sicherheitsnadel unter dem Gürtel befestigt worden.

Scheißzeiten, sagte er. Ein Bier. Flasche.

Beschwer dich bloß nicht.

Eddy öffnete die Bierflasche und gab sie dem Mann, der seine Krücken an den Tresen gelehnt hatte. Bist doch freiwillig hingegangen.

Der Einbeinige trank mit zurückgelegtem Kopf. Er ließ das Bier in den Mund laufen, ohne zu schlucken, und es floß schneller aus der Flasche als die Kehle hinunter, so daß ihm, als der Mund voll war, ein dünnes Rinnsal aus dem Mundwinkel über das Kinn zu laufen begann. Er setzte die Flasche ab, richtete den Kopf auf, schluckte das Bier herunter und wischte sich mit dem Handrücken über das Kinn.

Leck mich am Arsch, sagte er, als er wieder sprechen konnte.

Eddy hielt ihm eine Zigarette hin. Bella wandte sich um und stieß dabei eine der Krücken um. Bevor sie sich bewegte, beugte der Mann sich blitzschnell hinunter, nahm die Krücke auf und stellte sie zurück an den Tresen.

Das hätte ich doch machen können, sagte Bella.

Scheißweiber, sagte er.

Eddy, gib ihm einen Schnaps, bevor er dir den Laden ansteckt, rief sie. Sie hörte Eddy auf deine Kosten antworten, als sie die Kneipe verließ.

Die Tür ging auf, und sie kamen herein. Und sie waren genauso schön wie im Film. Größer waren sie und zarter, so, als wären sie durchsichtig, als schmückten ihre Kleider Figuren aus weichem Glas. Aber die Kleider waren dieselben. Sie trug das weiße Ballkleid mit den grünen Streublümchen, und um ihre schmale Taille trug sie die rote Schärpe, die so gut zu ihrem dunklen Haar paßte. Sie war so schön, daß Manuela den Atem anhielt und nicht wagte, sie anzusprechen. Und er – er ging einen Schritt hinter ihr und hielt die weiße Blume, die er ihr gleich überreichen würde, in der Hand. Sein brauner Teint hob sich vorteilhaft ab von dem weißen, seidenen Schal, den er locker um den Hals geschlungen hatte und dessen eines Ende auf seiner Schulter lag. Sie sah deutlich die weißen Fransen. Sie sprachen nicht miteinander. Sie kannten sich ja noch nicht. Aber gleich würde er sie ansprechen und ihr diese Blume – wie hieß diese Blume –, diese weiße Blume, von der er sagen würde, daß sie sich mit ihrer Schönheit nicht messen könne, geben – sie gingen langsam an ihr vorbei, und ihr weiter Rock begann, das Zimmer auszufüllen. Sie wurden größer...

Manuela! Willst du den ganzen Tag im Bett liegen? Los, raus. Und beeil dich!

Die Tür wurde aufgerissen – die Tür war offen gewesen, und SIE waren hereingekommen –, und die Mutter stand vor ihrem Bett. Manuela sah ihre Beine, die Jeans und den Saum der kurzen Schürze.

Ich kann hier nicht weg. Irgendwer muß ja das Essen machen. Du holst den Kleinen ab. Los jetzt.

Die Frau verschwand und ließ die Zimmertür offen. Manuela hörte ihre Stimme und eine Männerstimme aus der Küche. Na klar, wenn der da war, konnte sie natürlich nicht weg.

Sie kroch aus dem Bett und ging schlaftrunken und vergeblich nach den Resten des Traums suchend ins Bad. Sie drehte den Wasserhahn auf, begann, im Spiegelschrank über dem Waschbecken nach Kopfschmerztabletten zu suchen, fand endlich eine angebrochene Schachtel und löste eine der großen, weißen, flachen Tabletten mit dem Daumen aus der Verpackung. Mit der Linken griff sie wahllos nach einem der Zahnbecher, ließ die Zahnbürste und die Zahnpasta ins Waschbecken rutschen und hielt den Becher unter den laufenden Wasserhahn. Halb voll, die Tablette hinein, nur einen kleinen Augenblick warten. Auf ihrem Handrücken fühlte sie winzige Tropfen, während die Tablette sich sprudelnd auflöste. Die Mischung aus Staub, angeweichter Zahnpasta,

Kunststoff und körnigem, säuerlichen Medikament schmeckte scheußlich.

Sie ging in die Küche. Ohne die Mutter oder den Mann anzusehen, die einander am Küchentisch gegenübersaßen und ihr entgegenblickten, ging sie zum Kühlschrank, um nach etwas Trinkbarem zu suchen.

Du siehst ja toll aus, sagte der Mann.

Leck mich, dachte sie. Wasch du dir erst mal die Haare, bevor du mich dumm von der Seite anquatschst.

Soll ich noch was mitbringen, fragte sie laut.

Nicht nötig, sagte der Mann. Während du im Bett lagst, hat deine Mutter sich abgeschleppt.

Die Frau sagte nichts. Sie saß am Tisch und rauchte. Vor dem Mann stand eine geöffnete Bierflasche. Neben dem Kühlschrank stand ein Korb mit weiteren Bierflaschen, einer Flasche Korn und zwei Flaschen gelber Limonade. Manuela sah die Mutter an, die ausdruckslos zurücksah.

Kannst euch ein Eis kaufen, sagte sie. Geld liegt da auf dem Küchenschrank.

Auch ihre Stimme war ausdruckslos.

Um sechs wird gegessen.

Manuela nahm das Geld und warf, während sie hinausging, einen Blick auf die Uhr über der Küchentür. Es war kurz nach fünf. Bis fünf hatte der Kindergarten geöffnet. In ihrem Rücken hörte sie den Mann sagen: Beeil dich bloß nicht. Und zu der Frau gewandt: Weshalb latscht sie eigentlich immer so langsam. Du solltest ihr..., aber den Rest des Satzes hörte sie nicht mehr. Die Haustür war mit müdem Knall hinter ihr zugefallen.

ELLEN LIEBT FRED! las sie an der Wand, während sie auf den Fahrstuhl wartete. Gleich daneben stand:

WEIL ER GUT FIKT.

Laß sie in Ruhe, sagte die Frau oben am Küchentisch. Sie haben sie von der Schule nach Hause geschickt. Ihr war schlecht.

Wovon der wohl schlecht wird, antwortete der Mann.

Er hatte halblange, fettige Haare und ein eingefallenes Gesicht. Er sah älter aus, als er war; einer von der Sorte, die als Kind nicht genug zu essen bekommen hatte, zu enge Wohnung, zu viele Geschwister, vielleicht der fünfte von sechsen. Er trank, aber er vertrug nicht viel.

Die Frau stand auf und begann, sich am Herd zu schaffen zu machen.

Überhaupt, sagte sie, es wäre mir lieber, du würdest für eine Weile verschwinden.

Was heißt das, sagte er, für eine Weile verschwinden.

Ich nehm den Job an. Im Supermarkt. Dann kann ich dich hier zu Hause nicht brauchen. Reicht mir, daß ich die drei nebenbei versorgen muß. Wo du dich sowieso nicht mit ihnen verträgst.

Der Mann antwortete nicht. Die Tischdecke vor ihm war grün und braun kariert. Er nahm die Bierflasche auf und setzte sie sorgfältig von einem grünen auf ein braunes Karo. Die Frau wandte sich ihm zu. Sie fand, daß er aussah, als sei er kleiner geworden.

Es geht einfach nicht, sagte sie und bemühte sich, ihrer Stimme einen endgültigen Klang zu geben.

Noch während sie sprach, wurde ihr klar, daß es wirklich nicht anders ging. Sie hatte keinen Nutzen von ihm gehabt, solange sie sich kannten. Er hatte hier am Tisch gesessen und Bier getrunken. Manchmal waren sie zusammen ins Bett gegangen. Das letzte Mal war über drei Wochen her. Sie hätte keinen Grund gewußt, weshalb sie das vermissen sollte. Und dauernd das Gemecker mit den Kindern. Wozu soll so einer gut sein. Höchstens für die Leute. Damit man einen vorweisen kann. Er war ja nicht mal fähig, in die Schule zu gehen und mit den Scheißlehrern zu reden.

Einen kurzen Augenblick war sie in Versuchung, ihrem Lieblingsgedanken nachzuhängen.

Dieser Mann, der nachmittags nach Hause kam, ihr etwas mitbrachte, die Kinder auf den Schoß nahm, nach dem Essen mit ihnen runter ging und ihnen zeigte, wie man Drachen baut und Fahrrad fährt, während sie den Tisch abräumte, abwusch und die Betten aufschlug, damit die Kinder, wenn sie müde vom Spielen wieder heraufgekommen waren, frisch gebadet von ihnen beiden ins Bett gebracht werden konnten. Der in die Schule ging und dort auf den Tisch schlug...

Das wird mir zuviel, sagte sie.

Der Mann sprach immer noch nicht. Die Frau hatte zwei Dosen weiße Bohnen geöffnet und den Inhalt in einen Kochtopf geschüttet. Sie schnitt ein paar Kochwürste in Scheiben und schabte sie mit dem Messer vom Brett in den Topf.

Du kannst noch mitessen, sagte sie.

Ihre Stimme erreichte ihn nicht wirklich. Nach einer Weile stand er auf – die Frau hatte fünf tiefe Teller auf den Tisch gestellt und damit begonnen, Kartoffeln zu schälen – und ging auf den Flur hinaus. Sie hörte ihn zwischen den Schuhen herumkramen und den Spiegelschrank im Bad öffnen und wieder schließen. Er kam zurück in die Küche, nahm aus der untersten Schublade des Küchenschranks eine Plastiktüte und ging damit zurück in den Flur.

Sie hörte die Haustür ins Schloß fallen.

Einen Augenblick legte sie ihre Handgelenke auf den Rand des Metalltopfs, in der linken die halbgeschälte Kartoffel, in der rechten das Messer. Dann klapperte der Metalldeckel des Briefschlitzes in der Haustür, und innen fiel der Wohnungsschlüssel auf den Boden.

Die Frau ließ das Messer und die Kartoffel in den Topf fallen, stand auf und ging in den Flur. Der Schlüssel lag gleich hinter der Tür. Sie nahm ihn auf und hängte ihn an das schmiedeeiserne Schlüsselbrett. Ihr Blick fiel auf den Haufen durcheinanderliegender Schuhe. Sie hockte sich daneben und stellte die Schuhe ordentlich nebeneinander an die Wand. Dann kehrte sie in die Küche zurück, nahm den fünften Teller vom Tisch und stellte ihn zurück in den Schrank. Sie zündete sich eine Zigarette an, bevor sie ihre Arbeit wieder aufnahm.

Ich hätte ihr sagen sollen, daß er hier verschwindet, dachte sie. Die beiden mögen sich nicht. Gut, daß er kein Theater gemacht hat. Nicht mal das kann er.

Als es klingelte, schüttete sie gerade das Wasser von den fertigen Kartoffeln ab. Sie stellte den Topf auf den Herd und öffnete.

Du kannst deinen Schlüssel wiederhaben, Manuela, sagte sie. Das Essen ist fertig.

Der LKW fuhr langsam an die Laderampe heran. Es begann hell zu werden. Vielleicht hatte der Fahrer deshalb die Scheinwerfer nicht eingeschaltet. Er hatte das Fenster der Fahrertür langsam heruntergelassen und hing mit der linken Hälfte des Oberkörpers heraus. Es fehlte ein zweiter Mann, der ihn in die enge Einfahrt zur Laderampe hätte einweisen können.

Der Wagen hielt. Er war so dicht an die Rampe herangefahren, daß der Mann, der aus dem Lager des Ladens kam und an die Laderampe trat, vom Fahrerhaus aus nicht gesehen werden konnte. Der Fahrer öffnete die Tür, stieg aus und ging nach hinten. Ohne zu rufen oder ein Wort zu sagen, stieg er auf die Rampe und schlug die Plane an der Rückseite des LKWs nach oben.

Nicht so weit! Bist du verrückt!?

Mein Gott, hab dich doch nicht so.

Der Fahrer sprach halblaut. Er hatte einen durchgekauten Zigarettenstummel zwischen den Lippen. Der Mann, der aus dem Laden gekommen war, ein junger Mensch mit künstlichen, blonden Locken und turbobrauner Haut, verschwand in den Lagerraum. Gleich darauf kam er mit einem beladenen Einkaufswagen auf die Rampe zurück. Schweigend luden die Männer die Pakete auf den LKW. Sie bewegten sich vorsichtig. Vielleicht war der Inhalt nicht bruchsicher.

Ist das alles?

Warte, einmal noch. Schlag die Plane runter.

Der Blonde verschwand. Den Einkaufswagen nahm er mit. Der Fahrer spuckte die Reste des Zigarettenstummels auf die Betonrampe und zündete sich eine neue Zigarette an. Er schlug die Plane herunter, bis auf eine Ecke, setzte sich auf die Ladefläche und wartete. Auf der Laderampe standen rote und blaue Bierkästen aus Kunststoff. Ihm fiel ein, daß Bierkästen früher aus Holz gewesen waren. Er wunderte sich über diesen Gedanken.

Der Blonde kam zurück. Er trug einen Karton auf den Armen, der sehr schwer zu sein schien. Der Fahrer stand auf. Gemeinsam schoben sie den Karton an der Stelle auf die Ladefläche, an der der Fahrer gesessen hatte.

Das war's, sagte der Blonde und schlug die letzte Ecke der Plane nach unten.

Ich geh was trinken, sagte der Fahrer. Kommst du mit?

Er sah den Blonden fragend an. Er hatte sich schon zum Gehen gewandt und blickte über die Schulter zurück.

Wir beide zusammen? Nee, mein Lieber. Ich hau mich noch mal hin.

Mach's gut.

Der Fahrer spuckte den nächsten Zigarettenstummel auf die Erde, sprang hinterher und ging, ohne etwas zu sagen, nach vorn. Als er anfuhr, sah er flüchtig in den Rückspiegel. Die Rampe lag verlassen da. Der Blonde war verschwunden. Vorsichtig bugsierte er den LKW aus der schmalen Einfahrt. Dann hielt er an und sah nach rechts und links. Die Straße war frei. Rechts, am Ende des Betons, ging die Sonne auf.

Morgens, es war kurz vor neun, war die U-Bahn in Richtung Hoffnungsberg leer. Für einen normalen Menschen gab es keinen Grund, den Stadtteil um diese Zeit aufzusuchen.

Hoffnungsberg – Bella erinnerte sich, während sie im Zug saß und den Müll sah, der sich entlang der Bahnstrecke angesammelt hatte. Hin und wieder fuhr der Zug für kurze Strecken durch einen Tunnel. Das Licht ging an. Die Lampen spiegelten sich in den neuen lila Kunststoffbänken. Durch die Fenster am Ende der Waggons konnte sie bis ans Ende der glitzernden, sich windenden Bahnschlange sehen. Verließ der Zug einen Tunnel, so tauchte er ein in einen tiefhängenden grauen Himmel, braun-gelbes Gestrüpp und müllbedecktes Land zu beiden Seiten.

Hoffnungsberg, hatte Olga gesagt, als die Bewohner – von der Stadt über eine Zeitungskampagne dazu aufgefordert, nach einem Namen für das Gebiet zu suchen – sich für diesen Namen entschieden hatten, Hoffnungsberg ist eine sozialdemokratische Variante, das Elend, das sich da entwickeln wird, zu beschönigen. Bella hatte damals nur mit halbem Ohr zugehört. Sie interessierte sich nicht für die politischen Ambitionen ihrer Mutter. Inzwischen nahm sie an, daß diese Behauptung eine derjenigen gewesen war, mit denen ihre Mutter recht behalten hatte. Sie war sicher, daß eine Zeit kommen würde, in der abends die Tore vor den U-Bahn-Eingängen dieses und ähnlicher Stadtteile geschlossen werden würden. Wer von den Bewohnern des Hoffnungsbergs hatte spätabends oder nachts etwas in der Innenstadt zu suchen? Die, die auf öffentliche Verkehrsmittel angewiesen waren, jedenfalls nicht. Statt dessen würde es im Interesse der öffentlichen Ordnung und Sicherheit dringend erforderlich sein, die U-Bahnhöfe an den Endstationen vor Leuten zu schützen, die dort zu schlafen versuchten. Schließlich war es niemandem zuzumuten, morgens auf dem Weg zur Arbeit über betrunkene, verschlafene oder verkaterte Gestalten zu stolpern. Und außerdem, schlagendes Argument, fuhren ja morgens auch Frauen zur Arbeit in die Stadt.

Sollen unsere Frauen und Töchter von irgendwelchem Gesindel belästigt werden?

Der Zug hielt, und ein Mann und eine Frau stiegen ein. Sie setzten sich auf die Bank Bella gegenüber, ohne sie zu beachten. Die beiden sahen einander ähnlich. Müde Gesichter, eher klein, Turnschuhe, blonde, halblange Haare – die Haare der Frau durch zu viele und mit zuviel Chemie verabreichte Dauerwellen zerstört –, Windjacken in verwaschenem Rot.

Es ist nicht nur die Müdigkeit, auch nicht das Zeug, das sie tragen, dachte Bella. Es verbindet sie noch etwas anderes.

Interessiert und ungeniert musterte sie das Paar, das sie noch immer nicht wahrnahm.

Das war richtig, sagte die Frau.

Der Mann antwortete nicht. Er sah auf seine Knie. Bella bemerkte, daß seine rechte Hand zitterte, als er in der Jackentasche nach Zigaretten suchte. Als er die Schachtel gefunden hatte, behielt er sie in der Hand und legte die zitternde Hand auf sein rechtes Knie.

Du hättest gar nichts anderes machen können, sagte die Frau.

Ihre Stimme sollte beruhigend klingen. Bella hörte die Unsicherheit heraus, und der Mann hörte sie auch.

Sie haben alles mitgeschrieben, sagte der Mann und steckte die Hand mit der Schachtel wieder in die Jackentasche.

Das müssen sie auch. Das machen sie immer so, antwortete die Frau.

Diesmal klang ihre Stimme fester.

Es war nicht deine Schuld. Außerdem waren sie bei den anderen zuerst. Weißt du denn, was die gesagt haben? Du kannst sie gar nicht reinreißen.

Ich hab sie nicht reingerissen, sagte der Mann. Er versuchte, seiner Stimme einen energischen Klang zu geben. Es gelang ihm nicht ganz.

Die Frau rückte näher an ihn heran und legte eine Hand auf sein Knie. Sie trug einen goldfarbenen Ring mit einem Stein, der aussah wie ein Aquamarin. Bella sah, daß auch das Knie des Mannes zu zittern begann.

Sie haben die falschen Sachen gefragt, sagte er so leise, daß sie ihn kaum noch verstand.

Sie stand auf und stellte sich an die Tür, den Rücken dem Paar auf der Bank zugekehrt. Es fiel ihr leicht, sich vorzustellen, wie die beiden heute früh zur Wache gefahren waren; gut vorbereitet, wie sie dachten, denn sie hatten den hinter ihnen liegenden Abend damit verbracht, die Sache zu bereden und seine Aussage zu üben. Natürlich wäre es klüger gewesen, nichts zu sagen. Dazu hätte der Mann ein Recht gehabt. Es wäre ihm nichts geschehen, hätte er es wahrgenommen. Vielleicht hatte er nichts darüber gewußt. So aber waren selbstverständlich die Vernehmungsbeamten Sieger geblieben in dem ungleichen Gespräch. Alle sorgfältig vorbereiteten Sätze waren mit einemmal aus dem Kopf des Mannes verschwunden gewesen. Er hatte sich an nichts mehr erinnern können. Ein schwarzes Loch hatte er im Schädel gehabt, da, wo eigentlich die Antworten hätten sein sollen. Und schließlich war er beinahe dankbar gewesen für die einfachen Fragen, die ihm der Bulle gestellt hatte, und er war etwas ruhiger geworden. Das Gespräch hatte dann nicht lange gedauert. Erst als der Mann das Zimmer verließ und die Frau sah, die im Flur auf einer Holzbank saß und auf ihn wartete, erst als er ihr erwartungsvolles, ernstes Gesicht sah, war ihm klar geworden, daß alles ganz anders gelaufen war, als sie es sich vorgestellt hatten. Sie hatte es gleich begriffen, als sie ihn in der Tür stehen sah.

Bella blieb an der Tür stehen, bis der Zug an der Endstation hielt. Der Mann und die Frau standen zuletzt neben ihr. Sie stiegen vor ihr aus und gingen nebeneinander über den leeren Bahnsteig, ohne einander zu berühren. Sie waren fast gleich groß. Im Neonlicht wirkten ihre Jacken bräunlich und die gefärbten, brüchigen Haare der Frau gelb.

Bella folgte ihnen, ohne sich zu orientieren, und merkte

erst auf der Rolltreppe, daß sie den falschen Ausgang gewählt hatte. Ein durchdringender Geruch nach Bratfett empfing sie. Sie befand sich auf dem direkten Weg in ein Einkaufszentrum. Frauen schoben Kinderwagen an ihr vorbei. Kinder, die eigentlich in der Schule hätten sein sollen, standen herum. Alte Männer und alte Frauen, übriggebliebene Hälften eines langen Ehelebens, tratschten in Gruppen, die nach Geschlecht geschieden waren. Inmitten des Menschenstroms, der von den Türen des Einkaufszentrums angesogen zu werden schien, stand der Kleinbus eines privaten Sicherheitsdienstes. Zwei Burschen, deren unsaubere Vergangenheit, hätte man sie ihnen denn ansehen können, einigen Besuchern des Einkaufszentrums sicher den Respekt vor dem Sicherheitsdienst genommen hätte, saßen hinter offenen Wagenfenstern und beobachteten die Passanten. Sie warfen Bella einen abschätzenden Blick zu, während sie so taten, als würden sie in der nächsten Minute die Türen aufreißen und die Verfolgung von irgend jemandem aufnehmen, der ihnen aufgefallen war.

Bella kehrte den Wichtigtuern den Rücken und ging langsam weiter. Eigentlich war es gleich, wo sie sich zuerst umsah. Das Einkaufszentrum gehörte in diesen neuen Stadtteilen zum Leben der Bewohner wie früher in Arbeitervierteln die Kneipe an der Ecke. Sie warf im Vorübergehen einen Blick über die in halber Höhe angebrachte Gardinenstange am Fenster einer Kneipe, die sich an der Rückseite des Bahnhofsgebäudes etabliert hatte. Am hufeisenförmigen Tresen hatte sich das Paar niedergelassen, das mit ihr zusammen in der Bahn gefahren war. Die Frau hielt einen Zettel in der Hand, vielleicht eine Getränkekarte, und las dem Mann etwas vor. Als Bella an der Kneipentür vorbeikam, verließ eine ältere

Frau das Lokal. Durch die geöffnete Tür quoll die fette Plattenstimme eines Schnulzensängers, begleitet von einem Schwall Rauch und Bierdunst. Dann ließ sich Bella vom Schlund des Einkaufszentrums schlucken.

Innen fand sie sich erst zurecht, nachdem sie eine Weile stehengeblieben war und sich aufmerksam umgesehen hatte. Wenige Meter vor ihr stand mitten im Gang auf einem niedrigen Podest ein silberblauer Sportwagen. Männer studierten mit aufmerksamen Blicken die technischen Details, die auf angehefteten Zetteln notierten Preis- und Leistungsangaben und die chromglänzenden Zierleisten. Keiner von ihnen sah so aus, als würde er in seinem Leben jemals die Gelegenheit haben, so einen Wagen zu kaufen.

Im Hintergrund entdeckte sie eine Rolltreppe. Sie ging an einem dunkelroten und an einem weißen Wagen vorbei, die, ihren Ausmaßen nach zu urteilen, als Familienautos geplant worden waren. Um diese Autos hatte sich keine Traube von Bewunderern versammelt.

Oben wurde sie vom Dauergeräusch einer Entlüftungsanlage in Empfang genommen. Sie ging vorbei an funkelnden Schaufenstern, hinter denen Berge jenes überflüssigen Plunders lagen, der von der übergroßen Mehrheit der Bevölkerung für unverzichtbar und so erstrebenswert gehalten wird, daß seinetwegen Männer und Frauen übereinander herfallen und einander schlagen, treten und mit Messern stechen, daß Kinder Banden bilden und Erwachsene überfallen, daß Mädchen sich prostituieren und Jungen von Karrieren träumen, die sie nie machen werden. Die wirklichen enden oft genug im Knast. Sie ging vorbei an schön dekorierten Haufen von Liebe, Nähe, Trost, Stolz und Phantasie, die auf undurchsichtige Weise aus den Körpern, in die sie hineingehörten, in die

Schaufenster gelangt waren und sich auf dem Weg dahin in Söckchen, Blusen, Vasen, Videogeräte und Parfüm verwandelt hatten. Bella wurde übel.

Eine Ansammlung von Tischen und Stühlen war mit einem Seil umgeben worden. Bella setzte sich an einen der Tische. Über ihr hing ein Schild, das die innerhalb der Umgrenzung stehenden Möbel unter dem Begriff Café NEW YORK zusammenfaßte. Während sie der Kellnerin zusah, die ihre Bestellung aufgenommen und sich dann wieder ihrem Kind zugewandt hatte, das in einer Ecke des Café NEW YORK vor Bauklötzen saß und sich weigerte, mit der Tätigkeit anzufangen, die seine Mutter Spielen nannte und die es noch etwa vier Stunden lang würde ausüben müssen, hatte Bella Zeit, ihre Umgebung auf sich wirken zu lassen. Vier Modeläden, zwei Drogerien, ein Laden für Haushaltsgeräte und Kitsch, ein Zeitungsladen, ein Laden für Schnaps und Wein. Eine Weile folgte sie zwei uniformierten Wachmännern mit dem Blick. Der Modeladen, der dem Café am nächsten lag, hieß SELEKTION.

Was für ein Volk, dachte Bella.

Die Serviererin brachte den Kaffee.

Bringen Sie mir einen doppelten Wodka, sagte Bella.

Die Kellnerin äußerte keinerlei Erstaunen. Hinter ihnen begann eine Automatenstimme zu schreien:

Sie möchten wissen, wie der Tag heute wird? Sie möchten wissen, was die Zukunft für Sie bereithält? Sie haben ein Recht darauf. Auch Ihnen zeigt das Leben seine glitzernde Seite.

Eine Woche später war sie morgens noch früher unterwegs. Um acht sind Sie hier, hatte er gesagt. Bella erinnerte sich an sein Gesicht, während sie die Treppe im U-Bahnhof hinaufstieg. Dummheit und Macht ergeben zusammen Stumpfsinn, dachte sie und wunderte sich.

Im Beobachtungswagen des Sicherheitsdienstes saß heute nur ein einzelner Mann. Er versuchte, gefährlich auszusehen, vielleicht für seinen Kollegen gleich mit. In der Bahnhofskneipe hockten drei oder vier Männer und eine Frau um den Tresen. Sie frühstückten ganz bestimmt nicht. Sie hockten da, unbeweglich und still. Offenbar war weder die Beschallung noch die Belüftungsanlage um diese Zeit schon angestellt worden.

Bella erreichte die Tür des Supermarkts, in dem sie sich hatte anstellen lassen. Die Tür war verschlossen. Während sie unschlüssig dastand und überlegte, ob sie eine Treppe höher fahren und dort frühstücken sollte, erschien eine dünne, ältere Frau, die sich neben sie stellte, ohne zu grüßen oder von ihr auf irgendeine andere Weise Notiz zu nehmen. Gleich darauf tauchte noch eine zweite Frau auf, jung und so eindrucksvoll angezogen, daß Bella sich zusammennehmen mußte, um sie nicht anzustarren.

Das also ist die erste Schicht, dachte sie, während sie möglichst unauffällig auf die Beine der Jungen sah, die in weiße Spitzenstrümpfe gesteckt worden waren und kurz unterhalb der Ohren zu enden schienen. Der breite, schwarze Lederriemen irgendwo in der Mitte des Körpers war möglicherweise als Rock gedacht.

Es kamen noch zwei weitere Frauen. Alle blieben vor der Ladentür stehen und warteten. Also wartete Bella ebenfalls. Der Laden war hell erleuchtet. Vielleicht wurde nachts das

Licht nicht ausgeschaltet. Niemand sprach. Zwischen den vollgestopften Regalen im Innern tauchte der Jüngling auf, der sie eingestellt hatte. Sie sah auf die Ladentür. Das Schild VERKÄUFERINNEN GESUCHT war inzwischen abgenommen worden. Der Jüngling schloß die Ladentür auf. Die Frauen sagten: Morgen, und trotteten an ihm vorbei. Bella hatte den Eindruck, daß er gerade erst gekommen war, und überlegte, während sie sich den Kolleginnen anschloß, wo der Liefereingang des Ladens sein mochte. In ihrem Rücken hörte sie den jungen Mann die Tür wieder abschließen und ihren kleinen Trupp in einem anderen Gang zwischen den Regalen überholen. Er trug Schuhe, deren Kreppsohlen beim Auftreten leise quietschten. Das Büro lag am Ende des Ladens. Er war vor ihnen da und schaltete das Licht an, bevor sie den Raum betraten.

Das ist Frau Block, eure neue Kollegin, sagte er.

Die Frauen gaben Bella die Hand, ohne sich vorzustellen. Es entstand eine kleine Stille, während sie ihre Einkaufstaschen abstellten und aus einer Art Kleiderschrank ihre Kittel hervorholten.

Sie arbeitet ganztags, sagte er. Heute mittag kommt die andere Neue. Das ist Frau Koch, und das ist Rosi.

Er wies mit einer Kopfbewegung auf die beiden, die vor dem Schrank standen und die Kittel überzogen. Die beiden anderen Frauen stellte er nicht vor. Sie hatten das Büro schon verlassen. Er ging zum Kleiderschrank, zog einen Kittel heraus und hielt ihn Bella hin.

Wir öffnen um halb, sagte er. Sie räumen auf und packen die Regale wieder voll. Aber ein bißchen ordentlich, wenn ich bitten darf. Frau Koch zeigt Ihnen, wo die Ware liegt.

Er verschwand in einem Nebenraum, nicht ohne in einen

kleinen Spiegel gesehen zu haben, der an der Rückseite der Bürotür klebte. Der Raum lag hinter der verspiegelten Rückwand der Brotabteilung. Die meiste Zeit des Tages verbrachte er damit, die Kundinnen und die Verkäuferinnen durch die getarnte Scheibe zu beobachten.

Als Bella den Ladenraum betrat, hatte Rosi hinter einer der drei Kassen Platz genommen. Sie saß da und wartete. Der Jüngling brachte einen Kasseneinsatz mit Wechselgeld und den Schlüssel für die Kassen. Bella beobachtete, wie er sich aufplusterte, während er mit Rosi sprach.

Die hat sich noch nie verrechnet, sagte neben ihr die kleine Frau Koch. Er spielt sich jeden Morgen so auf. Ich zeig Ihnen das Lager.

Bella folgte der Frau, bekam eine kurze, einleuchtend erklärte Übersicht über die Waren vermittelt und erhielt die Regale zugewiesen, für die sie verantwortlich sein sollte.

Fragen Sie mich ruhig, wenn Sie etwas nicht wissen, sagte die Frau. Morgens rede ich nicht viel. Es dauert immer eine Weile, bis ich in Gang komme.

Ohne eine Antwort abzuwarten, verschwand sie hinter einer Palette Ananasdosen.

Bella begann einen Kontrollgang vorbei an den ihr zugewiesenen Regalen, um festzustellen, welche Lücken sie aufzufüllen hätte. Die Idee, diesen Job als Ausgangspunkt für die Aufklärung der Todesfälle zu nutzen, kam ihr absurd vor. Sie beschloß, nicht länger als eine Woche – wieso eine Woche, dachte sie, weshalb gehst du nicht gleich – zu bleiben. Wenn sie nichts erreichte, so würde sie doch auf jeden Fall ein Stück Leben kennenlernen, das ihr fremd war.

Außerdem ist es eben nur beinahe absurd, der Sache von hier aus ein Stück näher zu kommen, dachte sie und begann,

Pakete mit Haferflocken zurechtzurücken. Bis heute konnte ich mich noch immer auf meinen Instinkt verlassen.

Also räumte sie Ware in die Regale, bemühte sich, die Fragen von Kundinnen zu beantworten, die fast alle Dinge betrafen, deren Lebensnotwendigkeit ihr vollkommen unklar war – weshalb ihre Antworten eher phantasievoll als präzise waren –, und beobachtete das Leben vor der Ladentür. Ihr fiel auf, daß den ganzen Vormittag über Kinder im Einkaufszentrum herumliefen, die nach ihren Berechnungen im schulpflichtigen Alter sein mußten.

Sind eigentlich Ferien, fragte sie Rosi in einer ruhigen Minute.

Rosi zuckte mit den Schultern, aber Frau Koch, die die Frage gehört hatte, sagte, es seien keine Ferien und die Kinder liefen hier immer rum. Ihr eben beginnendes Gespräch wurde vom Filialleiter unterbrochen, der fragte, ob sie nichts zu tun hätten.

In der Mittagszeit erschien die vom Filialleiter – er hieß Beier, und Bella wunderte sich erst am dritten Tag darüber, daß ihr bei dem Namen nicht ein anderer Mann eingefallen war – angekündigte neue Kollegin. Die Frauen reagierten auf ihre Ankunft wesentlich gesprächiger als auf Bellas am Morgen. Die Neue, Frau Kowalski, bewegte sich unsicher zwischen den Regalen, achtete ängstlich auf den sich aufblasenden Beier und war so bemüht, alles richtig und alles auf einmal zu machen, daß Bella, die sich schon wie eine erfahrene Kraft vorkam, beruhigend auf sie einredete.

Die Frau lächelte sie dankbar an.

Ich hab dreizehn Jahre nicht gearbeitet, sagte sie. Seit Manuela da ist. Da weiß man nicht mehr so genau, wie es geht. Und ich möchte die Stelle gern behalten.

Zwei Stunden später, im Laden war jetzt Hochbetrieb, Rosi saß immer noch als einzige Kassiererin wie ein Fels in der Brandung – vor ihrer Kasse hatte sich eine Schlange gebildet, die etwa zwanzig Meter lang war –, tauchte ein Mann auf, der sich benahm wie ein Detektiv. Tatsächlich war er einer. Er war von mehreren Läden gemeinsam angestellt worden und beschäftigte sich damit, zwischen zehn und achtzehn Uhr das Einkaufszentrum sauberzuhalten. So jedenfalls bezeichnete er seine Tätigkeit, und auch die Frauen bezeichneten sie so. Er schlenderte eine halbe Stunde zwischen den Regalen umher, schob dabei einen Einkaufswagen mit einem Stück Kernseife vor sich her und musterte die Kundinnen – es waren fast ausschließlich Frauen, die einkauften – so unauffällig, daß Bella lachen mußte, sobald sie ihm begegnete. Sie beobachtete eine alte Frau, die lange vor einem Stück Butter stand und sich dann unsicher umsah. Bella stellte sich so, daß die Frau unbeobachtet die Butter in ihrer Manteltasche verschwinden lassen konnte, und grinste den Detektiv dabei freundlich an. Dann verwickelte sie ihn in ein Gespräch über die Vorzüge von Kernseife im Vergleich zu Seifenflocken, was ihr die Frage eintrug, ob sie heute abend frei sei. Sie zögerte die Antwort hinaus, bis die alte Frau den Laden verlassen hatte.

Als der Laden geschlossen wurde, war Bella erschöpft. Das Jüngelchen, das den Tag über seine Bedeutung als Filialleiter dadurch bewiesen hatte, daß es nichts angefaßt hatte, was in irgendeiner Form als Arbeit hätte bezeichnet werden können, verschloß die Ladentür. Sie hatte sich vorgenommen, nach Ladenschluß einen Spaziergang zu machen. Es kostete sie große Mühe, an ihrem Vorsatz festzuhalten.

Alle Läden waren geschlossen, die Straßen leer. An einer Bushaltestelle saß eine ältere Frau, die so aussah, als hätte sie dort schon den ganzen Tag gesessen. Sie trug einen unmodernen Mantel. An ihrem linken Bein war der Strumpf nach unten gerutscht und hing über den Schuh. Ohne Bella zu beachten, die stehengeblieben war und auf dem Busfahrplan die Abfahrtszeiten zu erkennen suchte, kramte sie abwechselnd in ihrer Handtasche und in einem Stoffbeutel, der auf der Bank neben ihr stand. Dabei brabbelte sie vor sich hin.

Der Fahrplan war unlesbar. Irgend jemand hatte den Kunststoffschutz abgerissen, und Regen und Schmutz hatten die Farbe verschmiert.

Bella überquerte die Straße. Sie stand vor einem Wohnblock, der halbkreisförmig gebaut worden war, zwölf Eingänge hatte und acht Stockwerke. Zwischen den Büschen vor dem Haus war eine eiserne Stange an zwei Pfeilern befestigt worden. Es war unklar, ob die Stange zum Teppichklopfen gedacht war oder die Stelle kennzeichnete, die von der Hausverwaltung als Spielplatz bezeichnet wurde. Bella ging langsam an dem Haus entlang. Mehrere Türen waren so zerstört, daß sie sich nicht mehr schließen ließen. Sie betrat einen der Eingänge und sah sich um. Es gab nichts zu sehen, was sie von außen nicht hätte vermuten können. Zerstörte Briefkästen, zwei Kinderwagen und eine Kinderkarre, Reklamezettel auf dem Fußboden und eine angelehnte, zerkratzte Kellertür. Als sie sich zum Gehen wandte, kam ein etwa zehnjähriger Junge mit einem Karton unter dem Arm die Treppe heruntergestürzt, musterte sie kurz und mißtrauisch und sauste dann an ihr vorbei in den Keller. Sie verließ den Hausflur. Auf dem Weg zur Straße lief noch einmal ein Junge an ihr vorbei, diesmal, ohne sie zu beachten. Er schleppte zwei Plastiktüten. Sie waren so schwer, daß er sie absetzen mußte, um die Haustür aufzuschieben. Bella zögerte einen Augenblick. Sollte sie noch einmal umkehren? Aber sie hatte keine Lust, sich länger in dieser Öde aufzuhalten. Sehnsüchtig dachte sie an ihren Sessel vor dem Fenster, den Blick auf die Elbe und die Bücher, die auf sie warteten.

Entschlossen ging sie zur Bahnstation. Der Wagen mit den Sicherheitsmännern, die die Aufgänge bewachten, war verschwunden. Um diese Zeit benutzten nur noch wenige Menschen die Bahn. Unbeobachtet blieben die Anwohner deshalb trotzdem nicht. Auf ihrem kurzen Weg zum Bahnhof war Bella zweimal einem Streifenwagen begegnet. In dem ersten hatte die Polizistin gesessen, die bei ihr gewesen war.

Den bringst du nicht noch mal mit, sagte der Junge. Er war groß, größer als der Dunkelhaarige, der an der Tür stand und hin und wieder auf den Kellergang hinaussah.

Nee, mach ich nicht.

Der Kleinere, ein dünnes Kerlchen, tat unbeeindruckt, schielte aber auf die Fliegenklatsche, die der Große in der Hand hielt.

Und wo ist er jetzt?

Vor der Glotze. Kinderkorn. Der schläft doch sofort ein, wenn sie ihm einen Schluck geben.

Wehe, er quatscht, sagte der Große.

Seine Stimme klang schon weniger aggressiv. Das Argument Kinderkorn schien ihm eingeleuchtet zu haben. Der Kleinere wandte sich erleichtert den drei anderen, die in seinem Alter waren, zu, während der Große an die Tür ging und sich neben den Dunkelhaarigen stellte.

Alles in Ordnung?

Der an der Tür blickte ein letztes Mal auf den Kellergang

hinaus, nickte und schloß die Kellertür. Er schob sorgfältig einen Riegel vor. Gleichzeitig traten die beiden Größeren an das gegenüberliegende Kellerfenster. Sie prüften, ob es sich leicht öffnen ließ, und waren mit dem Ergebnis zufrieden. Mit dem Rücken an die Kellerwand gelehnt, blieben sie stehen und sahen auf die Kleineren, die auf ein paar zerfledderten Pappkoffern hockten, herab.

Darf ich anfangen? Bitte, Nuri!

Der Junge sah erwartungsvoll zu den Großen hin. Er trug hellgrüne Trainingshosen und ein rotes T-Shirt, und er war zu dick. Der Dunkelhaarige nickte. Der Kleine sprang auf und begann, zwischen herumliegenden Kartons, Kisten, Brettern, alten Töpfen und Abfällen zu kramen. Nacheinander förderte er ein Kofferradio, ein Tischfeuerzeug aus grünem Glas, einen Fotoapparat und zwei in Kunststoff eingeschweißte Portionen Mettwurst zu Tage. Er legte die Sachen in die Mitte des Kellers auf den Fußboden; direkt neben einen vertrockneten Tannenbaum.

Die Scheißwurst kannst du selber fressen, sagte Nuri, der Rest ist in Ordnung.

Das klang wie ein Lob. Jedenfalls verstand es der Kleine so. Er lächelte seinen Kameraden zu, holte die Mettwurstpäckchen vom Fußboden an seinen Sitzplatz und begann, mit einem der vielen Werkzeuge seines Taschenmessers die Plastikhüllen aufzuschneiden.

Will einer was ab?

Er hatte die erste Wurstscheibe auf den Korkenzieher gespießt und hielt sie in die Höhe. Als niemand antwortete, schob er sie sich in den Mund.

Die beiden Großen lehnten immer noch an der Kellerwand. Sie beobachteten, wie das gestohlene Zeug auf dem

Fußboden ausgebreitet wurde. Hin und wieder sahen sie einander an. Sie waren mit der Ausbeute zufrieden. Natürlich sagten sie es nicht. Es schien ihnen besser, die Kleinen nicht mit Lob zu verwöhnen. Sie hätten auch nicht gewußt, wie sie ein Lob äußern sollten. Trotzdem verbreitete sich eine zufriedene Stimmung im Keller. Die Großen und die Kleinen hockten schließlich im Kreis um die Beute auf dem Boden, nahmen vorsichtig den einen oder anderen Gegenstand in die Hände, überprüften seine Funktionsfähigkeit und bedauerten, daß es im Keller keine Steckdose gab, an der sie das Radio und zwei elektrische Handrührgeräte hätten ausprobieren können. Als es dunkel wurde, zündeten sie eine Kerze an und stellten sie auf den Fußboden.

Wie Weihnachten, sagte der mit der grünen Trainingshose. Er zeigte auf die Wand, an der die Schatten des Tannenbaumgerippes zu sehen waren. Die Mettwurst hatte er inzwischen aufgegessen, aber auf dem Fußboden lagen noch zwei Tüten Gummibärchen und eine Dose Erdnüsse.

Ob sie wohl früher die Filme in den Kästen gelassen hatten? Wahrscheinlich. Und dann waren so viele geklaut worden, daß sie jetzt nur noch die Hüllen hinstellten.

Die junge Frau, siebzehn vielleicht, sah gelangweilt auf die Regale mit Videofilmen. Sie saß an einem etwas erhöhten Pult, um den Überblick zu behalten.

Jetzt war nichts los. Wann war hier überhaupt mal wieder was los? Hin und wieder einer von diesen alten Wichsern. Na ja, besser als gar keine Kundschaft. Wenn die den Laden hier zumachten, würde sie sich einen anderen Job suchen müssen. Der hier war bequem. Gleich um die Ecke. Viel Zeit. Bloß keine Ablösung. Wenn man aufs Klo ging, mußte man sich beeilen. Aber sonst...

Sie holte eine Schachtel unter dem Tisch hervor, in der Nagellack und einige andere zur Restaurierung der Fingernägel notwendige Utensilien beieinanderstanden.

Zeit hatte sie ja.

Sie öffnete die Flasche mit dem Nagellackentferner und begann, ihre Fingernägel von Lackresten zu säubern. Der scharfe Geruch des Entferners breitete sich im Laden aus. Ein älterer Mann, vielleicht Anfang Vierzig, betrat den Laden. Er trug einen Korb am Arm.

Den kannte sie gut. Hatte immer denselben Rollkragenpullover an. War irgendwas bei der Gewerkschaft. Manchmal brachte er seine Frau mit. Dann suchten sie zusammen Filme aus. Die standen auf scharf. Sie vielleicht nicht so. Aber er auf jeden Fall.

Die junge Frau legte den mit rotem Lack beschmierten Wattebausch zur Seite. Sie sah dem Mann gelangweilt entgegen.

Hier, sagte er.

Er stellte den Korb auf das Pult und nahm nacheinander mehrere Videokassetten heraus. Die Frau sah auf die Bilder.

Klar. Alles Nackte.

Kann ich mal die Liste haben, sagte er. Die neue.

Die Frau griff unter das Pult, brachte einen Stapel bedruckter Blätter auf die Platte und begann, sie durchzusehen.

Gib her, sagte er, mach ich schon selber.

Er nahm der Verkäuferin den Stapel aus der Hand und setzte sich an ein Tischchen zwischen den Regalen. Sie sah seinen Rücken und hörte ihn rascheln. Sie nahm den beschmierten Wattebausch, drehte ihn um und setzte ihre Arbeit fort.

Manchmal warf sie einen Blick auf den Rücken des Mannes, sah über die Regale hinweg nach draußen und seufzte. Nächsten Monat würde sie wieder die Tagschicht übernehmen. Jetzt war, wenn sie hier fertig war, nirgends mehr was los.

Der Mann kam mit den Listen in der Hand an das Pult zurück.

Nummer sieben und Nummer vierundzwanzig, sagte er. Doll ist das ja nicht, was ihr an neuen Sachen da habt.

Ohne zu antworten, suchte die Frau die Filme heraus und legte sie neben sich auf das Pult.

Schreib *Die Brücke* und *Faust I*, sagte er, als sie begann, die Quittung auszuschreiben. Das habt ihr doch, oder?

Die Frau zuckte die Schultern und begann, in den Listen nachzusehen.

Laß, das werdet ihr schon haben, sagte der Mann. Prüft sowieso keiner.

Die Frau schrieb die Quittung aus, nahm das Geld entgegen und hielt dem Mann die Kassetten hin. Dabei sah sie über ihn hinweg nach draußen. Zwei Männer gingen vorbei. Der Wohnblock drüben war nur an ein paar hellen Fenster-Rechtecken zu erkennen.

Der Mann hatte die beiden Kassetten in seinen Korb gelegt und den Laden verlassen.

Der Wattebausch war nicht mehr zu gebrauchen. Die Frau stand auf, überlegte einen Augenblick, wie sie ihn loswerden konnte, und ging an die Ladentür. Ein paar Meter neben dem Laden hing ein eiserner Papierkorb. Sie würde die Watte da hinein tun. Dann hätte sie den Gestank nicht mehr in der Nase.

Der Mann lag an der Stelle, an der eigentlich der Papierkorb hätte sein müssen. Der Papierkorb lag ein paar Meter weg auf dem Fußweg. Der Mann versuchte aufzustehen. Er taumelte und hielt sich an der Hauswand fest. Die Frau sah, daß Blut in seinen ausgeleierten Rollkragen lief. Jetzt würde er den Pullover wohl wechseln müssen.

Ich ruf mal an, sagte sie und ging zurück in den Laden. Er kam langsam hinter ihr her. Am Schaufenster blieben ein paar blutige Abdrücke zurück.

Ist nicht nötig, sagte er. Seine Stimme klang ihm selbst wie von weit her. Sie sind schon da.

Er hatte das Polizeiauto gesehen, das langsam über den Bürgersteig gerollt kam. Auf der Ladenschwelle sackte er zusammen. Die Frau ging nach draußen, um nach der Polizei zu sehen und nach den Filmen. Er hatte sie zusammen mit der Geldbörse in den Korb gelegt. Natürlich war der Korb weg.

Sie hatten den Verletzten in die Ambulanz des nächstgelegenen Krankenhauses gebracht. Natürlich hatte er keine Beschreibung der Täter liefern können. Es waren zwei gewesen – na und? In dieser Nacht waren im Stadtgebiet wahrscheinlich zweihundert mal zwei Männer unterwegs auf der Suche nach Geld. Manche hatten immer dasselbe Jagdrevier, andere wechselten. Die Chance, die beiden zu finden, war im Augenblick gleich Null. Wenn sie so dämlich gewesen waren, den Korb mitzunehmen, würde man ihn eines Tages in ihrer Wohnung finden. In einer Bruchbude oder in irgendeinem Rattenloch von Wohnwagen. Früher oder später wurden sie immer erwischt. Aber heute nacht auf keinen Fall.

Sie blieben bei dem Mann, bis er ins Behandlungszimmer gerufen wurde. Das wäre eigentlich nicht nötig gewesen, aber ihre Schicht war sowieso gleich zu Ende.

Dann gingen sie über den nächtlich toten Korridor des Krankenhauses zum Ausgang. In der Tür blieben sie stehen. Man hätte nicht sagen können, daß es begann, hell zu werden. Das neue Licht war noch nicht zu sehen. Man konnte es spüren und hören. Das heißt, jemand, der Interesse daran gehabt hätte. Die beiden Polizisten hatten keins. Sie blieben in der Tür stehen, um nach dem Wagen zu sehen. Er stand dort, wo sie ihn abgestellt hatten.

Allein der Geruch macht einen ja schon krank, sagte der Fahrer.

Der andere nickte. Sie hatten beide die beinahe allen Männern eigene Angst vor Krankheit und Krankenhaus; die übliche Unfähigkeit, über sich selbst nachzudenken und dabei das Gehäuse, in dem sie steckten, mit einzubeziehen. Wurden sie krank, dann war die Krankheit, egal, ob Schnupfen oder Krebs, gleichbedeutend mit Tod und Verderben. Ärzte waren Feinde mit Waffen in Form von Messern und Nadeln, gegen die man sich nicht wehren konnte. Die edlen Regeln des Kampfes Mann gegen Mann, die sie schon als Kinder gelernt hatten und die ihr Leben beherrschten, waren dann außer Kraft gesetzt. Ohne daß sie nach ihrem Einverständnis gefragt worden waren. Angst und Hilflosigkeit ließen sie ihr wahres, männliches Selbst verlieren. Nur die zarten Hände möglichst junger Krankenschwestern konnten das Unglück von Zeit zu Zeit mildern. Im Krankenhaus hielten sich die Männer nicht gern auf. Es war ein Ort der Niederlagen. Im Grunde waren beide nur so lange dort geblieben, weil sie zu dem, was ihnen nach dem Ende der Schicht bevorstand, keine Lust hatten.

Der Fahrer lebte allein. Bevor sie den Mann gefunden hatten, war er gerade damit beschäftigt gewesen, darüber nachzudenken, ob es sich noch lohnte, den Fernseher einzuschalten, wenn er nach Hause kam. Vielleicht erst mal duschen? Dann war ihm eingefallen, daß es neuerdings im Badezimmer so merkwürdig roch. Und dann hatten sie den Mann da liegen sehen, und er war weiteren Nachdenkens über die Gestaltung seines Feierabends enthoben gewesen.

Seinen Kollegen erwarteten zu Hause Weib und Kind. Natürlich warteten sie nicht wirklich, mitten in der Nacht. Aber allein das Bewußtsein, niemals mehr nach Hause kommen zu können und laut Musik anzumachen, während er bei geöffneter Tür auf dem Klo saß, oder mitten in der Nacht Spiegeleier zu braten – denn bei allen Verrichtungen dieser oder ähnlicher Art würde seine Frau irgendwann erscheinen, mit ihrem Muß-das-sein-Gesicht, das er nicht mehr ertragen konnte und das ihn schon dazu getrieben hatte, in die Spätschicht zu gehen, weil er sie dann am wenigsten sah –, allein dieses Bewußtsein ließ ihn jetzt zögern, bevor er weiterging.

Ich setz dich zu Hause ab, sagte der Fahrer.

Sie gingen nebeneinander her zum Wagen.

Vielleicht sind es doch nur die Handtücher, dachte der Fahrer. Er versuchte, sich zu erinnern, wann er sie das letzte Mal gewechselt hatte. Ostern, dachte er, als Mutter zwei Tage da war. Das ist vier Monate her. Vielleicht ist doch am Abfluß etwas nicht in Ordnung.

Er würde nicht in die Wohnung gehen. Jetzt noch nicht. Sah ganz so aus, als hätte der Kollege neben ihm auch keine Lust. Ich fang jedenfalls nicht davon an, dachte er.

Das ist jetzt zu riskant, sagte der Fahrer. Könnte sein, daß wir da jetzt Zivile rumlaufen haben.

Jetzt? Um diese Zeit? Kann ich mir nicht vorstellen. Der andere hatte angefangen, dachte er. Als ob das etwas zu be-

deuten hätte. Wenn sie erwischt wurden, würde es Theater geben. Aber wer sollte sie erwischen? War doch keiner da.
Er nahm das Funkgerät.
Zentrale, sagte er, hier Wagen sechzehn. Wir verlängern unsere Schicht um eine Stunde. Vielleicht haben wir eine Chance, die Kerle doch noch zu erwischen. Wenn wir Hilfe brauchen, melden wir uns.
Allzu oft können wir das nicht machen, sagte der Fahrer.
Das Auto, sagte der Beifahrer, und beiden wurde gleichzeitig bewußt, daß sie eigentlich ohne Polizeiwagen und Uniform besser dran gewesen waren. Der Fahrer überlegte einen Augenblick.
Ganz offiziell, sagte er, wir machen das ganz offiziell.
Er fuhr langsam und gleichmäßig weiter.
Vielleicht ist ja gar kein Licht, dachte der Beifahrer. Er spürte flaue Enttäuschung in sich aufsteigen.
Der Fahrer antwortete nicht. Er dachte daran, wie es beim letzten Mal gewesen war. Wieso hat er eine Stunde gesagt? Ich hätte nichts dagegen, länger zu bleiben. Na ja, mit Familie...
Sie hielten vor einem Wohnblock. Gleichzeitig beugten sie sich vor und sahen durch die Frontscheibe nach oben. Natürlich war Licht. Deutlich sahen sie über zugezogenen Vorhängen einen schmalen Lichtstreifen. Sie stellten den Streifenwagen fünfzig Meter weiter ab, zwischen anderen Wagen und durch Büsche abgeschirmt.
Eine alte Frau, die im Parterre neben dem Parkplatz wohnte, nicht geschlafen hatte und von dem Geräusch des Wagens ans Fenster gelockt worden war, beobachtete sie, wie sie im ersten Morgenlicht ausstiegen, die Straße überquerten und in einem Eingang des gegenüberliegenden Wohnblocks verschwanden.

Beruhigt kehrte sie an den Küchentisch zurück, wo sie gesessen und eine Patience gelegt hatte.

Jedenfalls kommen sie, wenn man sie ruft, dachte sie. Das kann ich denen im zweiten Stock mal zu verstehen geben. Sie kommen auch mitten in der Nacht oder im Morgengrauen.

Die Polizisten hatten ihre Mützen abgenommen, als sie den Fahrstuhl betraten. Sie waren beide nicht mehr jung, Anfang Vierzig vielleicht, und zeigten die für dieses Alter typischen Mängel. Die Haare begannen auszufallen. Die Körper hatten Fett angesetzt, und sie hätten auch die für Männer in ihrem Alter typische schlaffe Haltung gehabt, wenn nicht der Polizeisport sie bis zu einem gewissen Grad davor bewahrt hätte. Wie fast alle Männer hatten sie kein Bewußtsein dafür, daß sie häßlich wurden. Sie hielten sich einfach für männlich, was, falls jemand auf die Idee gekommen wäre, ihnen ihr Äußeres zu erläutern, sie immer noch davor bewahrt hätte, irgendwelche Minderwertigkeitskomplexe zu entwickeln. Jetzt, während sie nach oben fuhren, musterten sie einander verstohlen. Für einen kurzen Augenblick entstand zwischen ihnen so etwas wie eine Konkurrenzsituation, die es ihnen ermöglichte, zumindest den jeweils anderen so zu sehen, wie er wirklich aussah. Zufrieden richteten beide anschließend den Blick wieder auf die Mütze, die sie vor ihren Bauch hielten.

Der Fahrstuhl hielt, und sie stiegen aus. Auf dem Flur war es ruhig. Vier gleich aussehende Türen, grau gestrichen und rostrot eingerahmt, vier verschiedene Fußmatten, eine mit einem Scheuertuch umwickelt, graue Wände, die in halber Höhe durch eine rostrote Zierleiste unterbrochen wurden. Vier kreisrunde, rostrot umrandete Spione, die Menschen mit etwas mehr Phantasie im schwachen Licht der Flurlampe vielleicht wie Krokodilaugen vorgekommen wären.

Die beiden klingelten an der Tür, die links neben dem Fahrstuhl lag. Sie klingelten zweimal kurz, warteten eine Weile und klingelten dann dreimal kurz. Sie konnten nicht sehen, ob sie durch den Spion beobachtet wurden. Aber sie nahmen es an, und es war ihnen gleichgültig. Jemand schloß die Tür auf.

Hallo, hoher Besuch, sagte Jem und lachte.

In dem Flur hinter ihm war die Glühbirne mit einem roten Tuch verhängt worden. Aus einer der offenstehenden Zimmertüren blickte ein fast nacktes Mädchen um die Ecke.

Wenn das meine Tochter wäre, dachte der Polizist, dessen Familie noch schlief. Die könnte was erleben.

Kommt rein, sagte Jem.

Die Männer betraten die Wohnung. Jem schloß die Tür hinter ihnen ab.

Achtundvierzig, neunundvierzig, fünfzig.

Anstatt locker aufzuspringen, fiel der Detektiv auf den Boden und blieb liegen.

Schwache Leistung, dachte er. Hätte gestern abend – das Pfeifen des Wasserkessels unterbrach seine Gedanken. Er rappelte sich auf, stand vor dem Gasherd und stellte die Flamme ab. Er hatte den Becher mit dem Pulverkaffee auf den Tisch unter dem Küchenfenster gestellt, bevor er mit seinen Übungen begann.

Im Becher entstand eine hellbraune Brühe, in der Küche ein schwacher Kaffeeduft. Der Detektiv verließ die Küche, um sich anzuziehen. Er war stolz auf seinen Tagesablauf. Ordnung, Disziplin, keine Zeitverschwendung – das waren die Grundsätze, nach denen er lebte. Das Wasser wurde heißgemacht, während er turnte. Der Kaffee kühlte ab, während er sich anzog. Gefrühstückt wurde während der Neun-Uhr-Nachrichten. Er arbeitete von zehn bis sechs abwechselnd in drei Einkaufszentren. Selbstverständlich arbeitete er nur theoretisch im Wechsel. Es war ihm freigestellt, wie er sich die Arbeit einteilte. Und er liebte es, seine Kunden, so nannte er die kleinen Diebe, hinter denen er Tag für Tag her war und in deren Beobachtung er es doch nur zu höchst mittelmäßigem Erfolg gebracht hatte, zu überraschen. So wäre, er warf einen Blick auf den im Korridor hängenden Einsatzplan, obwohl er ihn auswendig kannte, heute die Bachthaler Straße an der Reihe gewesen. Er würde statt dessen noch einmal zum Hoffnungsberg gehen.

Tja, damit rechneten sie nicht, die kleinen Mieslinge, die ihm das Leben schwermachten.

Unwillkürlich rieb er sich die Hände. Er hatte noch nie einen Gedanken daran verwendet, daß es gerade diese Mieslinge waren, die mit ihren unermüdlichen Aktivitäten seinen Lebensunterhalt garantierten. Auch der weiterführende Gedanke, daß unter Umständen der sicherste Lebensunterhalt für die Katz ist, wenn der Mensch, der ihn bezieht, nicht aus sich heraus genügend Selbstwertgefühl hat, um ihn zu genießen, war noch nie durch seinen Kopf gegangen. Er aber bezog sowohl seinen Lebensunterhalt als auch sein Selbstwertgefühl aus der Existenz von Kaufhausdieben. Er war eine gefährdete Existenz; oder hätte doch zumindest eine sein können, wenn die Zeiten und die Umstände zugelassen hätten, daß die Kaufhausdiebe, je nach Alter und Lebenssituation, ihren Schulunterricht spannend, ihre Geldbörse wohlgefüllt oder ihren Bedarf an Zuwendung gedeckt gefunden hätten. Nur die Tatsache, daß das nicht so war, sicherte seine ökonomische Existenz. Zumindest so lange, wie er in der Lage war, am Morgen seine fünfzig Liegestütze zu machen und pro Woche nicht mehr als ein Ei zu essen, um den ohnehin zu hohen Cholesterinspiegel seines Blutes nicht noch weiter in die Höhe zu treiben. Eine Sache übrigens, die ihm Verdruß bereitete und über die er, am Küchentisch sitzend und vorsichtig den heißen Kaffee trinkend, zum wiederholten Mal nachdachte.

Das Leben eines Junggesellen, dachte er, wäre sehr viel einfacher, wenn es einem gestattet wäre, Eier in unbegrenzter Zahl zu essen. Billig, einfach zuzubereiten, mit Ketchup oder Speck abzuwandeln. Aber nein, unsereiner darf nicht, dachte er. Und neben seinem pedantischen Tagesplan und seiner mangelnden Selbsterkenntnis waren es Gedanken dieser Art, die ihn als einen Menschen kennzeichneten, der sich selbst zwar für außerordentlich gefährlich und schlau hielt, in Wirklichkeit aber ein äußerst einfältiges Exemplar seiner Gattung darstellte; sozusagen als einen Mann, der für den Job eines Kaufhausdetektivs wie geschaffen war.

An diesem Morgen lief alles nach Plan. Es war eine Minute vor zehn, als der Detektiv die Rolltreppe hinauffuhr. Schon als er das Einkaufszentrum betreten hatte, waren ihm Kinder aufgefallen, die um diese Zeit in die Schule gehört hätten. Daraufhin hatte er beschlossen, heute einen Kindertag einzulegen. Üblicherweise schenkte er seine Aufmerksamkeit allen Altersgruppen und beiden Geschlechtern. Aber hin und wieder, vielleicht aus einem ihm unbewußten Gefühl der Langeweile, beschloß er, sich auf eine bestimmte Personengruppe zu konzentrieren.

Er achtete allerdings streng darauf, daß er nicht in demselben Einkaufszentrum zweimal hintereinander dieselbe Personengruppe beobachtete. Seine Auftraggeber sollten von seiner Notwendigkeit überzeugt sein. Wie hätte es auf sie gewirkt, wenn er plötzlich an mehreren Tagen hintereinander nur alte Frauen gefaßt hätte. Sie wären zumindest erstaunt gewesen. Und das zu Recht. An diesem Tag hatte der Detektiv kein Glück. Bis zur Mittagspause, die er um vierzehn Uhr einlegte, hatte er nicht ein einziges Kind gefangen, obwohl er sich für den Vormittag die größten Chancen ausgerechnet hatte. Nachmittags, wenn die Schule vorüber war, wimmelte es im Einkaufszentrum von Kindern. Diese Zeit liebte er nicht. Nachmittags gelang es ihm nur sehr selten, ein Kind beim Stehlen zu erwischen. Er hatte den Verdacht, daß die Bälger sich dann gegenseitig vor ihm warnten. Nicht, daß er es hätte beweisen können. Nur sein Gefühl sagte ihm, daß es einen Grund geben mußte, weshalb er ihnen nachmittags noch weniger auf die Schliche kam als am Morgen.

Mißmutig fuhr er nach der Mittagspause zurück in den ersten Stock. Zusammen mit einem etwa zehnjährigen Jungen betrat er den Supermarkt. Der Junge hatte eine große Einkaufstasche bei sich. Der Detektiv spürte bei ihrem Anblick ein leichtes Kribbeln.

Bloß jetzt richtig vorgehen, dachte er. Sie sind schlau. Ich darf ihn nicht verunsichern.

Er beschloß, dem Jungen nicht zu folgen, sondern an der Kasse auf ihn zu warten. Er würde ihn nicht im Laden beobachten, sondern wenn er wieder auftauchte, einfach auf Verdacht in seine Tasche sehen. Langsam schlenderte er zum Ausgang und stellte sich an den Packtisch. Es dauerte lange, bis er den Jungen wieder sah. Er hatte die Tasche über die Schulter gehängt und schob den Einkaufswagen zur Kasse. Im Wagen standen zwei Flaschen gelbe Brause und eine Flasche Korn. Das war zuwenig für die lange Zeit, die der Junge hinter den Regalen verschwunden gewesen war. Der Detektiv wandte sich ab und beobachtete in der Schaufensterscheibe, wie der Junge seinen Wagen an die Kasse fuhr und die drei Flaschen auf das Laufband stellte. Er holte das Geld lose aus der Hosentasche. Als er bezahlt hatte, nahm er die Flaschen in beide Hände und ging auf den Ausgang zu. Die große Einkaufstasche hing über seiner Schulter. War sie schwerer geworden?

Der Detektiv trat dem Jungen in den Weg, als der den Laden verlassen wollte. Er kam gerade noch dazu, zeig doch mal, was... zu sagen, bevor der Junge die drei Flaschen gleichzeitig fallen ließ. Sie trafen die Füße des Detektivs, bevor sie auf dem Steinfußboden zersprangen. Von diesem Augenblick bis zum Ende seines Lebens blieben dem Detektiv nur noch wenige Sekunden; nicht einmal so viele, als daß er, hätte ihm jemand die in der Freitagsbeilage einer überregionalen Tageszeitung beliebte Frage gestellt:
WIE MÖCHTEN SIE STERBEN?,
Zeit gefunden hätte, eine spontane Antwort zu geben. Wobei an ein Nachdenken über diese Frage schon gar nicht zu denken gewesen wäre.

Der Junge rannte zur Tür hinaus, die Schrecksekunde nutzend, die den Detektiv daran hinderte, sofort zuzugreifen. Er lief auf die Rolltreppe zu und sprang die aufwärts fahrende Rolltreppe hinunter. Möglicherweise hätte es des solidarischen Beins eines zufällig an der Treppe stehenden Fünfzehnjährigen gar nicht bedurft, denn es ist durchaus möglich, daß der Detektiv im Eifer der Verfolgung übersehen hätte, daß die Rolltreppe in die falsche Richtung fuhr, und auch ohne Nachhilfe gestolpert wäre. So aber kamen das Bein und die falsche Richtung zusammen. Während der Junge mit der Tasche unten im Gewühl verschwand, ohne daß jemand auf ihn aufmerksam geworden wäre; während der Junge oben einen Augenblick interessiert dem sich auf der Rolltreppe überschlagenden Körper nachsah, bis er plötzlich spürte, daß mit dem Mann etwas Besonderes geschah, und ebenfalls verschwand, stürzte der Detektiv, durch den Anlauf und den plötzlichen unfreiwilligen Stop zusätzlich beschleunigt, die Hälfte der Stufen hinunter, überschlug sich, blieb merkwürdig verbogen in der Mitte der Treppe liegen, zögerte einen Moment, wobei wohl schon nicht mehr er selbst, sondern nur noch sein Körper zögerte, und wurde dann von den nach oben rollenden Stufen wieder hinauf befördert; empfangen von einer Gruppe Neugieriger, die sich inzwischen versammelt hatte.

Eine Weile blieb er liegen. Die Menschen, die um ihn herumstanden, warteten darauf, daß er aufstand. Dreimal kamen nach ihm Frauen die Rolltreppe herauf, die über ihn hinweg steigen mußten, um die Treppe zu verlassen. Dann, als er sich noch immer nicht rührte, zog ihn ein junger Mann am Jackett beiseite.

Ich glaube, er ist tot, sagte jemand. Aber da wußten sie es schon. Denn wenn der Tod da ist, dann erkennt man ihn, auch ohne ihn vorher schon einmal gesehen zu haben.

Eine Frau mit einem Kind an der Hand löste sich als erste aus der Gruppe. Sie ging in den Supermarkt und sprach die Kassiererin an.

Laßt die Frau mal nach hinten, rief Rosi laut durch den Laden. Da liegt einer tohot!

Und sie beeilte sich, die auf dem Laufband liegenden Waren einzutippen, um so eine Pause zu gewinnen, in der auch sie einen Blick auf den Körper vor der Ladentür werfen konnte.

Die Polizistin Eva Bentrupp und ihr Kollege aus dem Streifenwagen waren die ersten, die an der Rolltreppe erschienen. Die Bentrupp ging in den Laden, um mit der Anruferin zu sprechen. Der tat es inzwischen leid, angerufen zu haben. Man hatte ihr am Telefon gesagt, sie solle warten, bis die Polizei einträfe. Das Kind, das sie bei sich hatte, war aber nicht in der Lage, länger als die ersten drei Minuten still zu sitzen. Es hatte den Schreibtisch des Filialleiters ausgeräumt. Als die Mutter, beunruhigt von den Aktivitäten des Kindes, das enge Büro verlassen und begonnen hatte, zwischen den Regalen auf und ab zu gehen, hatte es mehrere Bonbontüten in seine Taschen gestopft und einen Turm aus Cornflakes-Schachteln umgeworfen. Die Mutter war gegangen.

Bella nahm ein paar Papiere auf, die das Kind mit in den Laden geschleppt hatte. Interessiert las sie den Durchschlag einer Liste, die der Ladenchef an die Geschäftsleitung geschickt hatte. Es ging um monatliche Fehlbestände aufgrund von Diebstahl. Die Angaben waren viel zu hoch.

Natürlich begegneten Bella und die Bentrupp einander. Sie standen sich einen Augenblick gegenüber, Bella in der weißen Kittelschürze der Verkäuferinnen. Schließlich schlug Bella vor, sie sollten sich treffen. Nach Ladenschluß in der Bahnhofskneipe.

Und da saßen sie nun.

Es gibt keinen Grund, weshalb ich Ihnen etwas vormachen sollte, sagte Bella. Außerdem würden Sie mir vermutlich nicht glauben, wenn ich Ihnen erzählte, ich hätte mir einen neuen Beruf gesucht.

Vermutlich nicht, sagte die Bentrupp.

Sie rührte in ihrer Kaffeetasse herum und sah dabei auf das Glas Cognac, das neben Bellas Tasse stand. Das Rühren verstärkte den scharfen Geruch nach Kaffee, der zu lange auf der Warmhalteplatte gestanden hat.

Ich dachte, ich beobachte die Szene ein wenig. Es ist ziemlich einfach, Zusammenhänge aufzudecken, wenn man die Strukturen kennt, in denen die Leute sich bewegen.

Weshalb rechtfertigen Sie sich, sagte die Bentrupp. Ich jage Treuhandmitarbeiter, und Sie lesen Erasmus von Rotterdam. Die Welt ist in Ordnung.

Keine Ahnung, wovon Sie sprechen.

Bella wandte sich zur Theke und bestellte zwei weitere Cognacs.

In Wirklichkeit ist das auch kein Cognac, sondern der Fusel, der in dieser Gegend für Cognac gehalten wird, sagte die Bentrupp.

Jemand hinter der Theke rief: Der Cognac, und Bella stand auf, um die beiden Gläser zu holen. Die Frau hatte zwei Schnapsgläser sehr voll geschenkt. Bella hatte Mühe, sich damit an den Leuten, die um die Theke herumstanden, vorbeizudrängen, ohne etwas zu verschütten. Als sie an den Tisch zurückkam, war die Bentrupp verschwunden. Sie setzte sich und wartete. In der Tür standen zwei uniformierte Polizisten. Die Trinker an der Theke und in den schmalen Nischen beachteten die Polizisten nicht.

Ist ja nicht nötig, daß die mich hier sehen, sagte die Bentrupp, als sie zurückkam und sich zwischen Tisch und Bank schob.

Daß die Sie hier mit mir sehen? fragte Bella.

Sie tranken einander zu.

Sie haben keinen guten Ruf bei den Kollegen, sagte die Bentrupp.

Sie setzte ihr Glas auf den Holztisch und sah Bella an.

Nichts, sagte Bella, was mich weniger beunruhigt, wirklich. Und was das hier angeht, sie machte eine vage Kopfbewegung, die die Trinkenden in der Kneipe und das Gebiet vor dem Fenster gleichzeitig umfaßte, was das hier angeht, so haben wir uns zu früh getroffen.

Zu früh? Ich dachte...

Ja, sagte Bella. Ich bin noch nicht lange genug hier. In dem Laden, in dem ich arbeite, läuft irgendein krummes Ding. Aber deswegen sitzen wir ja nicht hier. Ich hab die Treffpunkte von zwei Jugendbanden ausfindig gemacht, ausschließlich Jungen, die mit Diebstählen beschäftigt sind. Ich kenn inzwischen die Teestube, den Dritte-Welt-Laden und den Müttertreff. Stellen Sie sich Leute vor, die einen Sandsturm mit Fliegenklatschen aufzuhalten versuchen, dann wissen Sie, was dort los ist. Den Pastor und die Bürgerinitiative für Verkehrsberuhigung habe ich mir geschenkt. Ich hab Schwierigkeiten mit so vielen netten Leuten. Irgend jemand, der nachts kleine Mädchen aus dem Fenster schubst, ist mir nicht begegnet.

Als sie das enttäuschte Gesicht der Bentrupp sah, fügte sie hinzu: Aber nachher bin ich bei einer Kollegin eingeladen, die ziemlich weit oben wohnt. Vielleicht bringt uns das weiter.

Wie denn, sagte die Bentrupp.

Was war eigentlich mit den Mädchen, fragte Bella. Waren sie benutzt worden, vorher, meine ich.

Die Bentrupp schüttelte den Kopf.

Nein. Und bei den Familien war auch nichts zu erfahren, über Bekanntschaften, Lebenswandel und so. Sie wissen ja inzwischen, wie das hier ist.

Könnte ich die Adressen haben, fragte Bella. Ich kann ja mein Glück noch mal versuchen.

Die Bentrupp zog einen Stift hervor und kritzelte drei Namen und drei Adressen auf einen Bierfilz. Bella sah ihr zu. Ihre Schrift war klein und Bella unsympathisch. Die Bentrupp schob den Bierfilz über den Tisch. Bella steckte ihn ein.

Du alte Votze, schütt dir doch dein Bier irgendwohin. Woher soll ich denn heute Geld haben, hä? Kannst du mir das mal sagen?

Bella und die Bentrupp sahen zur Theke hinüber. Der Mann, der dort brüllte, hielt sich an einem Pfeiler fest. Der Pfeiler trug, zusammen mit drei anderen, eine Art Strohdach, das über der Theke thronte.

Die Leute, die um den Betrunkenen herumgestanden hatten, waren zur Seite gewichen. Neben ihm saß ein Hund, eine Art Dogge, die den Kopf hin und her bewegte, als versuche sie, die Szene zu verstehen und, falls ihr Herr bedroht war, den Einsatz nicht zu verpassen. Aus ihrem Schlabbermaul hing ein langer, weißer Speichelfaden. Die Frau hinter dem Tresen, geschützt durch die Holzbarriere und durch ihre Erfahrung mit Betrunkenen, blieb ruhig.

Ich schreib's auf, sagte sie. Und damit du's weißt: Bei mir gibt es kein Bier mehr, solange du nicht gezahlt hast. Ihr seid Zeugen.

Das Publikum rückte wieder näher an den Tresen heran. Der Betrunkene brabbelte auf seinen Hund ein.

Ich zahle, sagte Bella. Gehen Sie ruhig schon vor. Aber geben sie mir vorher noch Ihre Telefonnummer. Wenn ich etwas weiß, ruf ich Sie an.

Die Bentrupp nahm aus einer Seitentasche ihrer Geldbörse eine Visitenkarte, suchte in ihrer Jackentasche nach einem Stift und schrieb etwas auf die Karte, bevor sie sie Bella gab.

Bella betrachtete die Karte. Es war eine Visitenkarte der

Polizei, mit ihrem Namen und ihrer Dienstnummer, auf die sie ihre private Telefonnummer geschrieben hatte.

Würde mich schon interessieren, weshalb Sie Ihre Meinung geändert haben, sagte die Bentrupp. Vielleicht haben Sie beim nächsten Mal Lust, darüber zu reden.

Vielleicht, sagte Bella.

Die Bentrupp stand auf und klopfte mit den Knöcheln der rechten Hand ein paarmal auf den Tisch. Bella blieb noch einen Augenblick sitzen. Anders als der Anblick der beiden Uniformierten vorhin in der Tür und die Gegenwart der Polizistin eben hatte sie die kleine, beigefarbene Visitenkarte an ihre eigene Vergangenheit erinnert und daran, daß sie den Polizeidienst nicht ohne Grund aufgegeben hatte.

Du spielst wieder Räuber und Gendarm, Bella Block, dachte sie. Was kommt, wenn du das Spiel gewonnen hast?

Keine Ahnung, sagte sie laut.

Niemand beachtete sie. Es gab in der Kneipe noch mehr Leute, die vor sich hin sprachen.

Sie schob sich aus dem engen Spalt zwischen Bank und Tisch, zahlte am Tresen – der Mann sprach immer noch mit seinem Hund – und verließ das Lokal.

Draußen war es dunkel geworden. In den Fensterlöchern der Betonmauern brannte fast überall Licht. Es war kurz vor acht. Noch saßen die Leute in der Küche und aßen Abendbrot, oder die Hausfrau war mit dem Abwasch beschäftigt. Eine halbe Stunde später würde das Licht von den kleineren in die größeren Fenster gewandert sein und dort durch das Licht der Fernsehgeräte und Videorekorder verstärkt werden. Je nachdem, wo die Geräte standen, würde dann ein linkes oder rechtes Fensterrechteck anzeigen, daß die Bewohner der Wohnung sich an die Droge angeschlossen hatten.

Halb neun, hatte die Kollegin gesagt. Sie hatten in der Frühstückspause über das Fernsehprogramm gesprochen. Bella hatte behauptet, ihr Fernsehgerät sei am Abend vorher kaputtgegangen, und gefragt, ob sie sich zum Fernsehen einladen dürfe. Sie hatte gewußt, daß sie die Frau damit überfordern würde. Es war in dieser Gegend nicht üblich, Nachbarn abends einzuladen. Das Verhältnis der Menschen zueinander war von Mißtrauen geprägt. Es war nicht ungewöhnlich, daß Nachbarn jahrelang kaum miteinander sprachen. Taten sie es doch, dann oft nur, um über einen Dritten, meist über eine Dritte, herzuziehen. Das lag daran, daß alle glaubten, sie hätten einen Grund, sich für irgend etwas zu schämen. Und sie hatten natürlich auch Gründe. Sie hatten keine Arbeit oder Schulden oder kein Geld, um eine Zahnprothese, die beim Sprechen und Essen ständig aus dem Mund sprang, in Ordnung bringen zu lassen. Sie hatten Kinder, die schlechte Zensuren nach Hause brachten, beim Stehlen erwischt wurden und noch ins Bett machten, wenn sie in die Schule kamen. Die Frauen hatten oft keinen Vater für ihre Kinder; und anstatt stolz darauf zu sein, daß sie fähig waren, allein für die Familie zu sorgen, schämten sie sich; denn allein zu sein ist besonders unverzeihlich in einem Land, in dem eine glückliche Familie unverzichtbare Voraussetzung für die Anerkennung durch die übrigen Mitglieder der Gesellschaft ist. Wenn sie aber einen Vater für ihre Kinder hatten oder zumindest einen Mann, der sich eine Zeitlang zu ihnen bekannte, dann hatten sie morgens manchmal ein blaues Auge, oder die Kinder versäumten die Schule, weil sie nachts nicht ungestört hatten schlafen können. Im Grunde hatten sie alle die gleichen Probleme. Wenn sie darüber gesprochen hätten, wäre es ihnen vielleicht klar geworden.

Vielleicht, dachte Bella, vielleicht ahnen sie es sogar. Aber ihre Scham ist so groß, und ihre Fähigkeit, das eigene Elend genauso wie das Elend der anderen in seinem Ursprung zu erkennen, ist so wenig entwickelt, daß sie sich verschließen, sich schämen und sich gegenseitig das Leben schwermachen.

Auch die Frau, bei der Bella sich eingeladen hatte, hatte zuerst erschrocken auf den Vorschlag reagiert, gemeinsam fernzusehen. Sie hatte abgelehnt und war erst einige Zeit später noch einmal zu Bella gekommen, um ihr zu sagen, wenn sie kein Essen oder etwas Besonderes zu trinken erwarte, möge sie ruhig kommen.

Bella hatte das Angebot dann nur noch zögernd angenommen, eigentlich erst, als die Frau gesagt hatte, es sei ihr egal, ob sie allein oder mit Bella vor dem Fernseher sitze. Allein sei sie sowieso. Was sie in Wirklichkeit gemeint hatte, war, daß auch die netteste Kollegin ihr den Mann in der Wohnung nicht ersetzen konnte. Das war eine Haltung, die in normalen Zeiten absolut dazu geeignet gewesen wäre, Bella endgültig von einem Besuch Abstand nehmen zu lassen. Frauen, die glaubten, sie seien nichts wert, weil sie ohne Mann lebten, langweilten sie zu sehr, als daß sie sich mit ihnen abgegeben hätte. Aber es waren keine normalen Zeiten. Sie war seit vierzehn Tagen in diesem Laden. Dreimal hatte sie in der zweiten Woche eine grundsätzliche Beschäftigung mit dem Würstchen, das sich als Ladenchef aufspielte, die Verkäuferinnen kujonierte und nebenbei undurchsichtige Geschäfte betrieb, nur mit Mühe vermieden. Lange würde sie sich nicht mehr zurückhalten können. Sie war in ihren kurzen Mittagspausen durch das Einkaufszentrum geschlendert. Sie hatte gesehen, daß drei Viertel der Waren, die dort angeboten wurden, nichts weiter waren als bunter Dreck. Sie wußte, welche Schüler die Schule schwänzten, wie viele der Kinder, die in den Wagen und Karren von gelangweilten, jungen Müttern die Rolltreppen hinauf und hinunter geschoben wurden, an Hautkrankheiten litten und welche der an der Hand hinterhergezerrten Kleinkinder in wenigen Jahren ebenfalls die Schule schwänzen würden, weil sie nicht fähig sein würden, mehrere Stunden hintereinander still zu sitzen. Sie war sicher, die Treffpunkte von mindestens drei Jugendbanden zu kennen, von denen sich mindestens eine nicht mit Diebstählen, sondern mit etwas beschäftigte, das sie für Ausländerpolitik hielt. Sie kannte die Titel der Horrorvideos, die am häufigsten ausgeliehen wurden, die leeren Sandhaufen, bestückt mit verbogenen Eisenstangen, die Spielgeräte darstellten, und den Nachfolger des Detektivs, der in der ersten Woche ihres Aufenthalts ein unrühmliches Ende gefunden hatte. Sie wußte auch die Ecken, in denen während der Abenddämmerung die Treffen der heranwachsenden Jugendlichen beiderlei Geschlechts stattfanden, mißtrauisch und kopfschüttelnd beäugt aus Fenstern, hinter denen Menschen standen, die ihre eigene Jugend auf der Straße vergessen hatten. Aus Gesprächen mit den Müttern unter den Kolleginnen wußte sie, daß immer noch – da hatte sich seit ihrer eigenen Jugend offenbar nichts geändert – die größte Sorge der Mütter die war, die Mädchen könnten sich *zu weit* mit den Jungen einlassen. Und sie war durchaus in der Lage, sich die Ohrfeigen vorzustellen, die am späten Abend hinter zuklappenden Wohnungstüren von Vätern oder Männern, die beschlossen hatten, sich eine Weile als Väter zu fühlen, ausgeteilt wurden. Aber sie wußte nicht, was in diesem so ganz normalen Wohnviertel, unter diesen so ganz normalen Lebensumständen ein paar Mädchen dazu veranlaßt hatte, freiwillig oder unfreiwillig aus dem Fenster zu springen oder den Kopf in den Gasherd zu stecken. Und der eigentliche Grund, weshalb Bella sich gerade diese Kollegin für einen abendlichen Fernsehbesuch ausgesucht hatte – danach gefragt, hätte sie sicher gern zugegeben, daß sie die verrückte Rosi, die jeden Morgen mit anderen Netzstrümpfen und einem dazu passenden Rockstreifen bekleidet an der Kasse saß, acht Stunden lang wie ein Automat Zahlen eintippte, sich nie verrechnete und abends so wortlos verschwand, wie sie gekommen war, lieber kennengelernt hätte –, war, daß die Frau eine Tochter hatte; ein Mädchen im selben Alter wie die, die umgekommen waren.

Es ist ein Versuch, dachte Bella, während sie langsam an den Häuserblocks vorbeiging und versuchte, die Nummernschilder an den Haustüren zu erkennen.

Wenn ich ehrlich bin, muß ich zugeben, daß ich gescheitert bin. Und wenn ich vollkommen ehrlich bin, dann sollte ich auch gleich zugeben, daß die ganze Sache von vornherein zum Scheitern verurteilt gewesen ist. Du wirst alt und sentimental, Bella Block, dachte sie, während sie einen Hausflur betrat und auf den verbogenen, aufgehebelten, zerkratzten Briefkästen den Namen der Frau suchte. Du hättest wissen können, was dich hier erwartet. Zum Racheengel hast du dich noch nie geeignet.

Sie fand den Namen nicht, ging zurück zur Haustür und suchte an den Klingelknöpfen weiter. Schließlich drückte sie auf einen Knopf, neben dem die Hälfte des verrutschten Namensschildes wenigstens die richtigen Anfangsbuchstaben zu tragen schien.

Es war der richtige Knopf. Sie wurde über die Sprechanlage in den sechsten Stock gebeten.

Willy hatte Bella seit zwei Wochen nicht mehr gesehen. Sie hatte einen Zettel auf dem Schreibtisch gefunden. Bella teilte ihr mit, daß sie in der nächsten Zeit tagsüber nicht zu Hause sein wurde. Sie würde sie anrufen, wenn sie Willys Hilfe benötige. Bis dahin sei es ausreichend, wenn Willy hin und wieder morgens im Haus ein wenig Ordnung mache.

Am Anfang war Willy diese Regelung sehr recht gewesen. Sie hatte sich auf ihre Arbeit konzentriert, war jeden zweiten Tag zu Bellas Haus geradelt, um Post und Zeitungen aus dem Briefkasten zu nehmen, und hatte damit begonnen, ein paar Freundschaften mit Bekannten wieder aufzufrischen, die sie in der letzten Zeit vernachlässigt hatte. Jetzt, nach vierzehn Tagen, begann sie, die Gespräche mit Bella zu vermissen. Die jungen Leute kamen ihr langweilig vor. Sie hätte Bella gern wiedergesehen. Und dann war da noch diese andere Sache. Aber nichts deutete darauf hin, daß sich so bald eine Gelegenheit ergeben würde, Bella zu treffen. Jedenfalls nicht, wenn sie sich an Bellas Anweisungen hielt. Deshalb hatte sie, nachdem sie am Morgen ein paar Aufräumungsarbeiten in dem kleinen Haus erledigt und noch immer kein Anzeichen dafür vorgefunden hatte, daß Bella ihren gewohnten Tageslauf wieder aufnehmen würde, beschlossen, am Abend noch einmal zurückzukommen.

Ich könnte ihr doch sagen, dachte sie, während sie am Hafen entlangradelte, vorbei an den Containern, in denen Aussiedler oder Umsiedler oder einfach nur Obdachlose zusammengepfercht worden waren, ich könnte ihr doch einfach sagen, daß jetzt schon zum zweiten Mal irgend jemand in meiner Wohnung gewesen ist.

Willy war nicht ängstlich. Unter normalen Umständen hätte sie Bella die Tatsache, daß offensichtlich jemand besonderes Interesse an den Papieren hatte, die auf ihrem Schreibtisch lagen, irgendwann mal nebenbei mitgeteilt. Vielleicht hätte Bella ihr einen Rat gegeben, wie sie dem unbekannten Eindringling eine Falle stellen konnte. Aber seit ein paar Tagen, seit ihr bewußt geworden war, daß sie Bella schon lange nicht mehr gesehen hatte und daß ihre Kommilitonen sie langweilten, fühlte sie sich einsam. Einsam und ein wenig unsicher. Es war ein merkwürdiges Gefühl, in die Wohnung zu kommen und nicht zu wissen, ob schon jemand dort war. Oder nachts im Bett zu liegen und den Eindruck zu haben, von einem Geräusch an der Tür geweckt worden zu sein, obwohl alles ruhig war. Und sie dachte, daß es ihr besser gehen würde, wenn sie mit Bella über diese Sache gesprochen hätte. Deshalb war sie enttäuscht, als sie feststellen mußte, daß die Fenster des Hauses dunkel waren. Bella war noch nicht zurückgekommen. Willy ließ das Fahrrad an der Treppe stehen, die den Hang hinaufführte. Während sie die Stufen emporstieg, suchte sie in ihrer Umhängetasche nach dem Haustürschlüssel. Sie würde sich ins Arbeitszimmer setzen und warten.

Auch das Licht über der Haustür brannte nicht. Willy stocherte einen Augenblick herum, bis sie das Schlüsselloch fand. Die Haustür war nicht abgeschlossen.

Hatte sie vergessen, am Morgen die Tür hinter sich abzuschließen? Sie konnte sich nicht daran erinnern.

Gleich neben der Tür war der Lichtschalter. Sie tastete mit der linken Hand über die Wand, fand den Schalter – das Licht funktionierte nicht.

Da ist jemand im Vorteil, dachte sie plötzlich. Jemand ist hier drin.

Einen Augenblick lang war ihr nicht klar, was sie tun sollte. Sie hielt die Klinke noch in der Hand. Sollte sie weglaufen? Es kam ihr lächerlich vor, wegzulaufen. Sie war nicht feige. Laut und entschlossen schlug sie die Tür von innen zu. Sie blieb stehen und ließ ihren Augen Zeit, sich an die Dunkelheit zu gewöhnen. Die Umrisse der Treppe, die ins Schlafzimmer führte, wurden deutlicher. Die Umrisse der Treppe. Und zwei klobige schwarze Schatten, die auf der obersten Stufe hockten. Es waren zwei, und Willy fand, daß auch einer ausgereicht hätte, um ihr angst zu machen. Trotzdem tat sie so, als wären ihr die Schatten nicht aufgefallen.

Schon wieder das Licht kaputt, sagte sie laut und ging ein paar Schritte vorwärts, um die Küche zu erreichen.

Aber die Männer auf der Treppe mußten ihre Absicht erkannt haben. Vielleicht hatte auch *Schon wieder das Licht kaputt* zu lächerlich geklungen. Jedenfalls stürzten sie die Treppe herunter und hinderten Willy daran, die Küche zu betreten und dort die Taschenlampe zu greifen, wie sie es vorgehabt hatte. Sie hinderten sie, indem der eine sie festhielt und der andere ihr mit einem harten Gegenstand zweimal auf den Kopf schlug. Willy sackte zusammen. Sie ließen sie fallen.

Gehen wir, sagte der, der geschlagen hatte. Wir haben ja alles gesehen. An der Haustür wandten sie sich noch einmal um und richteten den Lichtkegel der Taschenlampe auf den reglosen Körper, der auf der Schwelle lag.

Gesehen hat sie nichts, sagte der mit der Taschenlampe. Das dauert 'ne Weile, bis die wieder hochkommt.

D er Abend war ein Fehlschlag gewesen, in jeder Beziehung, das mußte sie sich eingestehen. Es war ein Fehler gewesen, überhaupt dorthin zu gehen. Alles war genau so gekommen, wie sie es befürchtet hatte.

Die Frau wartete an der Tür auf sie. Sie hatte sich umgezogen, trug eine rote Bluse und einen schwarzen Rock und wirkte so verändert, daß Bella eine Weile nachdenken mußte, bis sie herausfand, woran es lag. Sie hatte ihre Augenbrauen mit einem dunklen Stift nachgezogen. Sie wirkte entstellt, verkrampft und unfroh. Bella wurde in den Flur gebeten. Es roch nach Turnschuhen und irgend etwas anderem, das sie nicht definieren konnte. Im Wohnzimmer saßen zwei Kinder im Schlafanzug auf dem Sofa und sahen in den Fernseher. Die große Tochter fehlte.

Die Große schläft schon, sagte die Frau. Es geht ihr in der letzten Zeit nicht gut. In dem Alter.

Bella konnte sich später davon überzeugen, daß das Mädchen wirklich zu Hause war. Irgendwann, die kleineren Kinder lagen auf dem Sofa und schliefen, hörte sie eine Tür klappen und sah durch die halb offenstehende Wohnzimmertür ein Mädchen mit langen dunklen Haaren, barfuß und mit einem zerknitterten T-Shirt bekleidet, über den Flur tappen.

Die Frau hatte eine geöffnete Flasche Wein auf den Tisch gestellt. Während Bella sich auf einen Sessel setzte und versuchte, mit den Kindern Kontakt aufzunehmen, stellte sie zwei Gläser dazu und eine Schale mit Chips. Es gelang Bella nicht, mit den Kindern ein Wort zu wechseln. Sie sahen schweigend auf das Fernsehbild. Nur als sie das Zimmer betrat, war sie einer kurzen Prüfung unterzogen worden, bei der offen geblieben war, ob sie einen negativen oder positiven Ausgang genommen hatte.

Ich weiß auch nicht, was das ist, sagte die Frau, während sie sich setzte und die Weinflasche in die Hand nahm, um einzuschenken. Sie gruseln sich so gern. Dabei ist das so ein Quatsch mit diesen Vampiren.

Bella nahm das Glas in die Hand und trank der Frau zu. Sie lächelte dabei, aber das Gesicht der Frau blieb angespannt und verschlossen.

Wollten Sie nicht was anderes sehen?

Lassen Sie nur, sagte Bella. Wenn die Kinder das so gern mögen.

Dann saßen sie da und starrten auf den Bildschirm. Als der Film zu Ende war, begann der Kleinere, der etwa vier Jahre alt war, im Zimmer herumzutoben. Der Größere, ein vielleicht zehn Jahre alter Junge, der Bella mißtrauisch, fast ängstlich, von der Seite angesehen hatte, verschwand, ohne ein Wort zu sagen, aus dem Zimmer. Die Frau ging in die Küche. Bella folgte ihr in der Hoffnung, es würde sich ein Gespräch ergeben. Der Frau war es unangenehm, daß Bella ihr gefolgt war.

Ich hab noch keine Zeit gehabt, die Küche zu machen, sagte sie. Sie ging an den Kühlschrank, nahm eine Flasche Weizenkorn und eine Literflasche gelbe Brause heraus und füllte zwei Wassergläser mit einem Gemisch aus Brause und Korn. Bella trat ihr einen Schritt entgegen in der Annahme, das Getränk sei für sie bestimmt.

Sie wollen auch eins, sagte die Frau. Sie war nicht erstaunt. Es war nur eine Feststellung.

Nehmen Sie sich ein Glas aus dem Schrank. Ich geh schon mal rein. Sie verschwand mit beiden Gläsern aus der Küche.

Bella hatte keine Lust zuzusehen, wie die Kinder ihren Schlaftrunk bekamen. Sie hatte nicht mal Lust auf Schnaps. Sie dachte, es wäre eine gute Idee, wenn sie begänne, die Küche aufzuräumen. Aber die Frau kam zurück und bat sie, damit aufzuhören. Offensichtlich war es ihr unangenehm, eine wildfremde Frau – das denkt sie bei sich, dachte Bella, eine wildfremde Frau – in ihrer Küche hantieren zu sehen.

Gehorsam begab sich Bella zurück ins Wohnzimmer. Da lief inzwischen das Ende der Sendung, die sehen zu wollen sie vorgegeben hatte. Da sie kein Fernsehgerät besaß, hatte sie eine Sendung genannt, über die in den letzten Wochen häufig in den Boulevardzeitungen berichtet worden war.

Das ist es doch, fragte die Frau.

Am Ton ihrer Stimme spürte Bella, daß sie für sich allein nie auf die Idee gekommen wäre, diese Sendung einzuschalten. Dann saßen sie beide da und betrachteten die Bemühungen einer offenbar unglücklichen dicken Frau, mit Hilfe ihres Talentes zum Kreischen und Grimassenschneiden aus ihrem Unglück Kapital zu schlagen. Sie versuchte, die Zuschauer zum Lachen zu bringen. Bella begann, über den Zusammenhang von Fernsehen und Prostitution nachzudenken. Sie kam zu dem Schluß, daß diese Einrichtung sehr viele verschiedene Möglichkeiten bot, sich zu prostituieren. Weder sie noch die Frau, die jetzt offenbar aus Rücksicht darauf, daß Bella den Rest *ihrer* Sendung in Ruhe ansehen wollte, nicht sprach, lachten. Die Kinder lagen auf dem Sofa. Sie waren schnell eingeschlafen. Als die Sendung zu Ende war, trug die Frau zuerst das kleinere ins Bett. Bellas Hilfe lehnte sie ab. Es war halb elf, als sie aus dem Schlafzimmer der Kinder zurückkam.

Ihre Augen waren klein vor Müdigkeit.

Und morgens sind sie immer so schwer aus dem Bett zu kriegen, sagte sie, während sie den Rest Wein auf die beiden Gläser verteilte. Der Größere ist so komisch die letzten Tage. Er kann nicht schlafen.

Wie lange sind Sie schon allein mit den Kindern, fragte Bella.

Sie hatte die Hoffnung auf ein Gespräch aufgegeben.

Die meiste Zeit, sagte die Frau. Sie sah auf ihre Uhr.

Und die Ältere? Hilft sie Ihnen?
Ja, sagte die Frau. Mit dem Kleinen.

Sie trank ihr Glas so nachdrücklich leer und stellte es so fest auf den Tisch zurück, daß Bella gar nichts anderes übrigblieb, als ebenfalls ihr Glas zu leeren und aufzustehen.

Die Frau hatte sie an die Haustür gebracht. Ihre Einladung: Wenn Ihr Fernseher wieder mal kaputt ist, können Sie ja wiederkommen, hatte eher wie ein Rausschmiß geklungen, obwohl Bella sicher war, daß sie es nicht so gemeint hatte.

Bis morgen, so hatten sie sich verabschiedet. Die Frau hatte die Wohnungstür zugemacht, bevor noch der Fahrstuhl angekommen war. Und nun ging Bella durch die toten Straßen zur Bahnstation.

Daraus wird nichts. Von wegen bis morgen, dachte Bella. Für mich ist hier Schluß. Wenn man nicht weiterkommt, soll man aufhören und andere weitermachen lassen. Ich bin ungeeignet für diese Sache. Es war eine Schnapsidee, hierherzukommen und anzunehmen, ich könnte etwas herausfinden, was die Kripo nicht findet. Ich möchte wirklich mal wissen, was mich an dieser Sache überhaupt interessiert hat. Sollen sie doch ihre Kinder mit Schnaps zuschütten und ihre Mädchen aus den Fenstern werfen. Sie sind mir egal. Mein Gott, wenn ich an diese Augenbrauen denke. Wer sagt ihnen bloß, wie sie sich so häßlich machen können? Sitzt mit den Kindern jeden Abend allein, und wenn mal jemand kommt, wird kein Wort geredet. Oder bin ich zu blöd, um ein Gespräch anzufangen?

Während sie auf dem leeren, glitzernden Bahnsteig auf und ab ging – natürlich fuhren die Züge nur noch selten –, überdachte sie wieder und wieder den Abend. Irgendwann schien es ihr, als habe die Frau zu Recht eine so große Distanz zwischen ihnen aufgebaut. Natürlich hatte ihr Leben nichts gemein mit dem Leben der Leute am Hoffnungsberg. Und natürlich war die Frau klug genug, um das zu spüren und ihren Wunsch nach einem Fernsehabend als plumpe Anbiederung zu empfinden. Wußte sie denn, wie oft die Frau schon enttäuscht worden war?

So, jetzt reicht's, Bella Block, dachte sie, als der Zug endlich einfuhr. Jetzt fängst du auch noch an, deine Niederlage zu idealisieren. Schluß. Morgen rufst du diesen Schnösel an, erklärst ihm, daß du ihn nicht mehr sehen kannst, wünschst ihm viel Glück bei seinen Schiebereien, und dann nimmst du dein ordentliches Leben wieder auf.

Die Bahn war leer. Erst als sie sich der Innenstadt näherte, stiegen Fahrgäste zu, häßliche und gewöhnliche Leute in häßlichen Kleidern und mit dumpfem Gesichtsausdruck. Bella fand, daß sie alle aussahen, als wären sie irgendwo geprügelt worden, nein, als hätten sie sich die ihnen offiziell zustehenden Prügel irgendwo abgeholt und führen nun nach Hause, zufrieden, weil ihnen auch an diesem Tag ihre Portion Demütigung verabreicht worden war. Allerdings änderten sich die Gesichter und die Bewegungen der Menschen, je näher die Bahn den Elbvororten kam. Aber Bella fand die hohlen Gesichter der Männer und Frauen, die, teuer gekleidet, laut lachend und wild gestikulierend, den Eindruck zu erwecken suchten, als gehöre ihnen die Welt – was für den einen oder anderen vielleicht sogar in gewisser Hinsicht stimmen mochte –, mindestens genauso widerlich wie die der Geprügelten vorher.

Sie stieg an der Endstation in ihren alten Porsche. Von weitem war er ihr – Teil ihrer eigenen Welt – wie eine kleine Verheißung vorgekommen. Langsam und entspannt fuhr sie nach Hause.

Sie fand Willy in der Küche, blaß und mit einer Platzwunde, aus der Blut am Hals heruntergelaufen und als schwärzlicher Streifen angetrocknet war. Sie hatte ihre Jacke auf den Boden rutschen lassen. Auch an der Jacke war Blut. Willy stand am Herd und wartete darauf, daß das Wasser kochte. In einem Becher auf dem Küchentisch hing ein Teebeutel.

Sie sackte nicht zusammen, als Bella die Küche betrat, aber es war ihr anzusehen, daß sie sich sehr anstrengen mußte, um stehen zu bleiben.

Bella legte den Arm um sie und führte sie ins Arbeitszimmer. Durch das Fenster drang schwaches Licht in den Raum. Sie setzte Willy sanft in den Sessel, schob ihr einen Hocker unter die Füße und deckte sie mit einer Wolldecke zu.

Keinen Schnaps?

Willy schüttelte mühsam den Kopf. Sie versuchte zu lächeln.

Na gut, dann Tee, sagte Bella.

Sie knipste eine kleine Lampe auf dem Schreibtisch an, verließ das Zimmer, kam mit warmem Wasser und einem Tuch zurück und begann, vorsichtig das Blut von Willys Hals abzuwaschen.

Eine Platzwunde am Kopf, nicht mal besonders groß, sagte sie. Hat keinen Zweck, das jetzt noch nähen zu lassen. Hätte man gleich machen müssen.

Ich bin ins Haus...

Jetzt nicht, sagte Bella. Sie holte den Tee und gab Willy den Becher in die Hand, bevor sie sich neben sie setzte. Willy trank in kleinen Schlucken.

Der Kopf tut mir ein bißchen weh, sagte sie mit einer kleinen piepsigen Stimme, die Bella noch nie von ihr gehört hatte.

Bella stand auf, ging hinaus und kam mit einer Kopfschmerztablette zurück, die Willy gehorsam schluckte. Eine Weile saßen beide schweigend da. Bella sah auf die wenigen Lichter, die den Fluß hinauf und hinunter fuhren. Sie dachte darüber nach, wie unsinnig es gewesen war zu glauben, sie könne sich auf ihre Insel zurückziehen. Irgend jemand hatte beschlossen, daß sie in eine Sache verwickelt war, die sie selbst nicht einmal kannte, und schon veränderte sich alles. Willy war verletzt worden. Aber es hätte auch ein weniger nachdrücklicher Hinweis genügt, um sie von ihrem Entschluß, die ganze Geschichte fallenzulassen, wieder abzubringen. Denn der Entschluß war dumm gewesen, nur geboren aus ihrer Unfähigkeit, mit der Frau oder ihrer Tochter zu reden.

Und wenn sie nichts zu sagen hat? Dann bringst du eben irgend jemanden sonst zum Reden, Bella Block. Allerdings, so wie du es jetzt machst, geht es nicht. Du mußt dichter ran, viel dichter. Nicht morgens angefahren kommen und abends wieder abfahren, um den Abend und die Nacht in dieser bücherbestückten Luxusbude zu verbringen – sie ließ ihre Augen liebevoll über die Bücherregale, den wackeligen Schreibtisch und die schiefe Tür gleiten. Im Halbdunkel war nicht zu sehen, daß der Raum dringend einen neuen Anstrich nötig hatte und daß die Tür deshalb schief hing, weil die obere Türangel beinahe herausfiel. Im Halbdunkel wirkte der Raum wie eine solide, feste Burg, aus der man durchaus Ausfälle wagen und in die man sich anschließend unverletzt wieder zurückziehen konnte. Nichts war verändert. Wenn hier jemand etwas gesucht hatte, dann jedenfalls sehr rücksichtsvoll.

Bellas Blick blieb einen Augenblick an dem Foto von Alexander Block hängen. Im sanften Licht der Schreibtischlampe wirkte sein Gesicht jung und ernst und sehr weit weg.

Wenn es nach mir ginge,
säße ich mein Leben lang in Settignano
Am verwitterten Stein des Septimus Severus
Und beschaute die gleißenden Quader
Sowie die sonnengebräunten
Hübschen Schultern der häßlichen Frau
Unter den flirrenden Pappeln.

Es geht jetzt, sagte Willy. Ihre Stimme war schon ein wenig fester geworden.

Bella wandte sich ihr zu.

Es waren zwei, sagte Willy. Ich kam an, und das Licht über der Haustür und im Flur funktionierte nicht. Zuerst – aber als ich im Flur war, hatte ich so ein merkwürdiges Gefühl. Ich dachte, es ist besser, du gehst in die Küche und schließt dich ein. Es war jemand da, aber ich sah nichts. Erst einen Moment später sah ich die Schatten auf der Treppe. Es waren zwei. Es müssen zwei Männer gewesen sein. Sie haben oben auf der Treppe gesessen. Ich wollte bloß in die Küche. Vielleicht haben sie gedacht...

Bella legte beruhigend die Hand auf Willys Knie. Willy schwieg und legte den Kopf an die Rückenlehne des Sessels.

Irgendwelche Einzelheiten, fragte Bella nach einer Weile.

Willy schüttelte den Kopf.

Es war doch dunkel. Ich zerbrech mir schon die ganze Zeit den Kopf. Irgend etwas war merkwürdig. Aber ich weiß nicht – das Geräusch, als die beiden die Treppe herunter kamen. Willy begann zu weinen. Und dabei war ich gekommen, um mir Rat bei Ihnen zu holen.

Bella beruhigte sie. Ihr fiel ein, daß sie nachsehen könnte, ob auch oben im Haus alles in Ordnung sei. Sie stand auf und stieg die Treppe hinauf ins Bad. Alles unverändert. Sie warf einen schnellen Blick ins Schlafzimmer, aber auch hier waren keine Spuren einer Durchsuchung festzustellen. Sie lief zurück ins Bad und putzte sich die Zähne. Der Wein hatte einen unangenehmen Geschmack hinterlassen. Sie sah in den Spiegel, während sie langsam die Zahnbürste hin und her bewegte.

Komisch, dachte sie, so alt und noch immer nicht vernünftig.

Sie spülte ihren Mund gründlich aus, um den Wodka, den zu trinken sie beschlossen hatte, nicht mit Zahnpastageschmack zu verderben. Dann lief sie die Treppe hinunter.

Noch einen Tee, rief sie aus der Küche, während sie die Wodkaflasche zurück ins Eisfach legte.

Willy antwortete nicht. Bella ging ins Arbeitszimmer und sah, daß Willy eingeschlafen war. Sie nahm ein Blatt Papier aus dem Schreibtisch, schrieb: Bitte nicht aufstehen, bevor ich zurück bin. B. B., legte das Blatt auf einen Bücherstapel neben dem Sessel und verließ das Haus.

E s war kurz vor acht. Sie hätte eigentlich noch liegenbleiben können.

Die Bentrupp griff zur Fernbedienung und schaltete den Fernseher an, während sie langsam die Beine unter der Bettdecke hervorschob. Oh, dachte sie, so früh? Gibt's was Besonderes?

Auf dem Bildschirm war ihr oberster Vorgesetzter zu sehen, lässig in die Polster eines Sessels gelehnt, der zu groß für ihn war, den rechten Unterschenkel auf den linken Oberschenkel gelegt. Der quergelegte Unterschenkel füllte den Abstand zwischen den Sessellehnen nicht aus.

Sie müssen sich vorstellen, sagte er gerade, die sowjetische Polizei kennt zum Beispiel den allen deutschen Beamten selbstverständlichen Unterschied zwischen *Aufgabe* – er sprach das Wort besonders langsam aus und legte die Betonung auf das *au* – und *Befugnis* nicht.

Das Wort *Befugnis* kam dagegen ganz kurz und schnell aus seinem Mund, fast, als liebe er es nicht und wolle es möglichst schnell wieder loswerden.

Ach so, dachte die Bentrupp, die Russen.

Eine Gruppe Leningrader Polizisten war in der Stadt. Die Kollegen hatten gestern beim Essen darüber gesprochen. Sie stand auf und ging ins Bad. Unter der Dusche dachte sie darüber nach, ob der Hamburger Kessel ein Ergebnis der Wahrnehmung von Aufgaben oder von Befugnissen gewesen war. Sie kam zu keinem Schluß und nahm sich vor, ihre Kenntnisse in Polizeirecht bei Gelegenheit aufzufrischen. Sie kehrte ins Schlafzimmer zurück, um sich anzuziehen.

Sehen Sie, sagte ihr Vorgesetzter gerade, das Problem ist doch, daß die organisierte Kriminalität längst begonnen hat, auf Osteuropa überzugreifen.

Die Bentrupp hörte interessiert zu. Die offizielle Version war bisher gewesen, daß es in dieser Stadt überhaupt keine organisierte Kriminalität gab. Aufmerksam sah sie ihren Vorgesetzten an. Er sah wirklich aus wie ein Mafioso. So hatte ihn vor einigen Tagen die Frauenfraktion in einer Boulevard-Zeitung genannt.

Wie mag ihm die Bezeichnung gefallen haben? Sicher hat er sich geschmeichelt gefühlt. Sie macht ihn irgendwie – männlich.

Natürlich mußten wir die sowjetischen Kollegen, in gebührender Form selbstverständlich, darauf hinweisen, daß wir nur mit Sicherheitskräften zu tun haben möchten, die der klassischen Polizei bei uns entsprechen.

Damit wir nicht Leute schulen, die hinterher im Baltikum das Volk unterdrücken? fragte der Reporter.

Ja, natürlich. Wir kämen doch in eine unangenehme Lage.

Da hat er recht, dachte die Bentrupp. Ihre Geschichtskenntnisse waren zu gering, als daß sie registriert hätte, daß diese Lage für die Polizei nicht unbedingt etwas Neues gewesen wäre.

Sie stellte den Apparat lauter und ging in die Küche, um zu frühstücken. Sie aß und trank und sah aus dem Küchenfenster. Das Fenster lag auf gleicher Höhe mit der Trasse der U-Bahn. Wenn Züge vorbeifuhren, war die Stimme aus dem Schlafzimmer nicht zu hören. Sie stand auf und ging hinüber, um den Apparat auszuschalten.

Kriminaltechnik, sagte ihr Chef gerade, die Kollegen aus Leningrad sind zweifellos tüchtige Leute. Aber ihre kriminaltechnischen Kenntnisse sind, wie soll ich sagen, auf dem Stand von...

Sie schaltete den Apparat aus. Eine Viertelstunde später fuhr sie in der U-Bahn an ihrem Küchenfenster vorbei. Bis zum Dienstbeginn hatte sie noch viel Zeit. Aber sie hatte ein Problem, das sie gern losgeworden wäre, und sie wollte die verbleibende Zeit dazu nutzen. Eine Weile hatte sie geglaubt, besonders als Bella eine Wohnung am Hoffnungsberg bezogen hatte, sie würden schnell herausfinden, was dort wirklich geschehen war. Inzwischen fand sie, daß die Block auch nicht schneller vorankam als die Kollegen von der Kripo. Sie hielt es sogar für möglich, daß man dort inzwischen schon weiter war. Vielleicht erfuhr sie Neuigkeiten und konnte die ganze Sache abblasen.

Sie überlegte kurz, ob ihr das Bella Block gegenüber unangenehm sein mußte.

Nein, wieso denn, dachte sie. Sie ist aus eigenem Entschluß da. Als ich sie bat, hat sie abgelehnt. Und ich hatte mich damit zufriedengegeben.

Sie spürte, daß ihre Überlegungen unaufrichtig waren. Wenn sie ehrlich war, mußte sie zugeben, daß sie die Block sehr gern wieder losgeworden wäre. Je länger sie da war, desto deutlicher hatte sie selbst das Gefühl, die Anwesenheit Bellas am Hoffnungsberg könne sich irgendwann einmal gegen sie wenden. Sie hätte nicht sagen können, woher dieses Gefühl kam. Vielleicht hing es damit zusammen, daß ihr Kollege im Streifenwagen noch ein paarmal sehr abfällig über Bella gesprochen hatte. Auch die anderen Kollegen mochten sie nicht. Kranz war vielleicht eine Ausnahme. Er hatte sie zu Bella geschickt. Aber genaugenommen war Kranz kein Polizist. Er war Psychologe. Sie hatte sich inzwischen ein paarmal mit ihm unterhalten. Seine Methode, sie für ihre Arbeit fit zu machen, war gut. Aber damit verbunden war eben, daß ihr, je besser sie sich fühlte, Bellas Anwesenheit am Hoffnungsberg desto überflüssiger und schädlicher vorkam.

Vielleicht kann ich die Ermittlungsergebnisse so auslegen, dachte sie, daß die ganze Sache zumindest beinahe aufgeklärt wirkt. Dann wird sie sich zurückziehen.

Als sie die Bahn verließ und die Bahnhofstreppen emporstieg, war sie fest entschlossen, Bella zu bitten, die Nachforschungen einzustellen. Sie würde sogar Kranz um Unterstützung bitten, falls die Block sich nicht darauf einließ.

Aber weshalb sollte sie nicht wollen? Geld bekam sie sowieso keins für ihre Arbeit. Wenn die Sache aufgeklärt war, konnte sie doch froh sein.

Sie zeigte dem Pförtner ihren Dienstausweis und wurde eingelassen. Es war noch Zeit für eine Tasse Kaffee. Sie wollte die Kollegen von der Kripo nicht sofort bei Dienstbeginn überfallen. Um diese Zeit war die Kantine leer. Nur ein paar Kollegen saßen herum. Sie saßen jeder für sich, und die vereinzelt hockenden Gestalten verstärkten den Eindruck von Öde, der großen Kantinenräumen eigen ist. Die Bentrupp holte sich einen Becher Kaffee und sah sich nach einem bekannten Gesicht um. Sie kannte niemanden und setzte sich allein an einen Tisch nahe der Essensausgabe. Eine größere Gruppe kam herein, fast alles Männer, alle in Zivil. Sie stellten sich an der Essensausgabe an. Die Bentrupp wunderte sich darüber, daß einige der Männer zu lange Haare hatten, bis sie begriff, daß das die Russen waren. Sie versuchte zu verstehen, was der Dolmetscher an einen Kollegen aus der oberen Etage weitergab. Auch Kranz sah sie jetzt, der sich mit einer kleinen, molligen Frau unterhielt, vielleicht ebenfalls einer Dolmetscherin.

Sie fragen, ob sie hier einkaufen dürfen, bevor sie abfahren. Es kommt ihnen so vor, als wären die Sachen hier billiger als in den Läden der Innenstadt. Es sind einige dabei, die Kinder haben; denen wollen sie gern etwas mitbringen.

Sagen Sie den Kollegen, wir werden ihnen ein Geschenkpaket mitgeben. Das sind die Hamburger den Leningradern schuldig.

Der Dolmetscher übersetzte und sprach dann dem aus der oberen Etage den Dank der Gruppe aus. Die Bentrupp stand auf, um ihren Becher zurückzugeben. Sie kam an Kranz vorbei und lächelte ihm freundlich zu.

Morgen, sagte sie im Vorbeigehen, bleibt es bei morgen?

Kranz sah sie an und nickte. Er wirkte ein wenig abwesend.

Neunhundert Tage gegen fünfzehn Freßpakete, sagte er halblaut. Er sah sie immer noch an, aber so, als meinte er gar nicht sie. Die Bentrupp ging weiter.

Komischer Typ, dachte sie. Manchmal sind diese Psychologen wirklich komisch.

E ddy stand hinter dem Tresen. Er unterhielt sich mit einer jungen Frau. Sie war so schön, daß sie ohne weiteres als Prestigeobjekt für einen der in Hamburg lebenden neununddreißig Milliardäre in Frage gekommen wäre. Bella stellte sich neben die beiden. Eddy beachtete sie nicht. Als der Kellner auftauchte, bestellte sie bei ihm einen Kaffee. Den Becher in der Hand, rückte sie näher an Eddy und die Schöne heran. Eddy geruhte noch immer nicht, sie zu beachten.

Zweimal im Jahr, sagte er, das ist wenig.

Wenig nennst du das? Zweimal 'ne Woche?

Ihre Stimme war klar und sanft zugleich. Sie hob die Schultern und sah Eddy ernst an. Der antwortete nicht sofort.

Andere, Quatsch, die meisten dürfen gar nicht. Ich hab's doch gut.

Gut nennst du das? Ob du's nun hier machst oder im Süden, ist doch alles Mist. Hör auf, sag ich dir.

Wie kommst du denn darauf? Im Süden mach ich es nie. Urlaub ist Urlaub. Ich schmink mich nicht mal. Nee, du kannst mir wirklich glauben, Eddy, ich hab's gut getroffen.

Bella nahm ihren Becher und drängte sich vom Tresen weg in den Hintergrund. Wenn Eddy auf Freiersfüßen war, würde sie warten. Sie fand einen Platz neben der Tür zum Hinterzimmer. Neben ihr schnarchte jemand, den Kopf an die Wand gelehnt.

Sie versuchte, die Worte zu verstehen, die aus der Musikbox kamen, aber es gelang ihr nur, hin und wieder das Wort *Pferd* zu hören und einmal das Wort *Ring*. Vielleicht ging es um eine Pferdehochzeit.

Sie sah, daß der Kellner den Tresen verließ. Er trug kein Tablett, nicht mal den Block, und er drängte sich in ihre Richtung durch das Gewühl. Kurz vorher bog er ab und schloß die Tür zum Hinterzimmer auf.

Das geht zu weit, dachte sie.

Der Kellner kam zu ihr und legte den Schlüssel auf die Tischplatte.

Hier, der Chef sagt, Sie sollen schon mal vorgehen. Er hat noch zu tun.

Sag ihm, er soll sich nicht übernehmen.

Der Kellner zog die Schultern hoch und ließ sie wieder fallen, was soviel hieß wie: Sie kennen ihn doch. Dann verschwand er im Gedränge.

Bella nahm den Schlüssel und schob sich zur Tür durch. Die Tür ging nach außen auf, und sie hatte Mühe, die Leute, die davor standen, zur Seite zu schieben und sich durch einen Spalt ins Hinterzimmer zu schlängeln. Aufatmend schloß sie hinter sich ab. Sie wartete einen Augenblick, den Rücken an die Tür gelehnt, um ihre Augen an die Dunkelheit zu gewöhnen. Die Jalousien waren heruntergelassen. Ganz allmählich zeichneten sich an den Fenstern feine Streifen ab, und im Zimmer klumpte sich die Dunkelheit als Billardtisch und weiter entfernt als Klavier zusammen. Bella tastete nach einem der Campingstühle, trug ihn an die Wand gegenüber der Tür und setzte sich. Die Glaseinsätze der Tür waren schwarz gestrichen. An einigen Stellen war die Farbe abgesprungen oder abgekratzt worden. Winzige helle Punkte bildeten ein unregelmäßiges Muster auf den schwarzen Flächen. Der Lärm war jetzt weit weg. Bella stand noch einmal auf und ging hinüber zum Klavier. Dort stand das Tablett mit Wodka und zwei umgedrehten Gläsern; jedenfalls hatte es bisher immer dort gestanden. Sie tastete, fand die Flasche und ein Glas und schüttete etwas Wodka hinein. Der Flaschenhals schrammte ein wenig über den Glasrand. Sie ging zurück, trank einen Schluck Wodka und zwei Schluck Kaffee und lehnte den Kopf an die Wand. Im Zimmer war es warm. Die Luft war muffig, so, als sei lange nicht gelüftet worden. Aber es roch nicht unangenehm. Die Lichtpunkte an der Tür und die schmalen Lichtstreifen an den Jalousien waren so weit entfernt wie ein kleiner Himmel. Das Klavier und der Billardtisch waren Gegenstände, mit denen Bella angenehme Erinnerungen verband. Alles, auch der Lärm aus der Kneipe, fern und gedämpft, war dazu geeignet, sie in eine ruhige und entspannte Stimmung zu versetzen. Sie begann darüber nachzudenken, weshalb sie nicht ruhig und entspannt war.

Es ist ein Fehler gewesen, dachte sie, nicht wieder zu Eddy zu gehen. Weshalb hab ich's eigentlich vergessen? Ich bin einfach nicht mehr gewöhnt, konsequent zu arbeiten. Es muß mindestens drei Wochen her sein, daß ich zuletzt hier war. Ob er überhaupt etwas Brauchbares herausgefunden hat? Er hätte mich anrufen können. Vielleicht hätte ich verhindern können, daß Willy – es hat keinen Zweck. Daran ist nichts mehr zu ändern. Jetzt machen wir einen Schritt nach dem anderen. Wir bleiben nicht mehr stehen. Und dann, du wirst sehen, bist du ganz schnell am Ziel.

Jemand rüttelte an der Tür.

Bis du's, Eddy?

Bella stand auf, als niemand antwortete, ging an die Tür und drehte den Schlüssel um. Eddy erschien im Türspalt.

Ich kann jetzt noch nicht. In einer halben Stunde schmeiß ich sie alle raus. Es ist noch zu früh.

Er verschwand wieder und drückte die Tür von außen zu. Bella setzte sich und wartete. Es dauerte fast eine Stunde, bis Eddy erschien. Sie war eingeschlafen. Er schaltete die Lampe am Klavier an und goß sich einen Wodka ein. Das Geräusch der auf das Tablett zurückgesetzten Flasche weckte sie.

Du auch noch einen? fragte Eddy.

Bella schüttelte den Kopf. Er nahm einen Campingstuhl, der aussah, als wäre er zu schwach, um Eddys Gewicht zu tragen, und setzte ihn vor Bella ab. Der Stuhl hielt.

Na, ist das Herzchen weg?

Ich arbeite, sagte Eddy großspurig. Er betonte das *Ich*. Es soll ja Frauen geben, die so was nicht nötig haben.

Er machte ein Pause, trank sein Glas leer und stellte es auf den Fußboden. Aber vielleicht haben sie etwas anderes nötig?

Allerdings, antwortete Bella langsam, sah Eddy an und dachte, vielleicht hat er recht, und jetzt ist sowieso schon zuviel Zeit vergangen, drei Wochen.

Das muß man dir lassen, sagte sie, während sie aufstand, du magst ja sonst ein ziemlich abgebrühter Typ sein, aber bestimmte Sachen merkst du einfach schneller als andere.

Nur bei dir, Süße, sagte Eddy, wirklich nur bei dir. Und er folgte Bella zum Billardtisch.

Erst sehr viel später, sie saßen auf dem Fußboden und hatten die Flasche und die Gläser zwischen sich gestellt, kam sie dazu, Eddy zu fragen, was er herausgefunden hatte.

Glaub nicht, ich wüßte nicht, weshalb du gekommen bist, sagte er. Ich wollte mir nur die Belohnung vorher abholen.

Heißt das, du hast Informationen für mich?

Eddy wurde ernst. Er begann, an seinem linken Ohrläppchen zu zupfen. Hör mal, es wird keinen Zweck haben, aber ich sag's dir trotzdem: Du solltest die Finger von dieser Sache lassen.

Weshalb?

Du kennst meine Einstellung. Leben und leben lassen. Besonders bei denen. Außerdem weiß ich gar nichts Genaues. Offiziell ist natürlich alles in Ordnung. Aber – jedenfalls Spielkasinos sind es nicht, die sie beunruhigen. Übrigens, ich wüßte gern, wie du drauf gekommen bist, daß bei ihnen was stinkt. Ich denke, du arbeitest nicht mehr als Schnüffler.

Bitte, Eddy, sagte Bella. Erst du, dann ich.

So wie eben, sagte er und grinste.

Bella ging nicht darauf ein.

Na schön, erst ich. Also: Sie kommen in einer Sache nicht weiter, über die schon ein paarmal was in der Zeitung gestanden hat. Kann aber sein, sie kommen deshalb nicht weiter, weil sie nicht wollen. Für die Öffentlichkeit, meine ich. Es sieht so aus, als hätten sie Angst, auf eine Mine zu treten.

Was für eine Mine?

Keine Ahnung, darüber sagt keiner was. Das ist ja das Komische. Aber wenn du mich fragst...

Eddy machte eine Pause. Bella fragte ihn nicht.

Also, wenn du mich fragst. Was kann da schon los sein, in dem Gebiet, wo sie rumsuchen. Hoffnungsberg. Geld gibt's da keins zu holen.

Du vergißt das Einkaufszentrum, sagte Bella, dachte an die Läden und an die Waren und wußte, daß Eddy etwas anderes meinte.

Nichts als eine Jeden-Monat-das-Geld-auf-dem-Konto-

Gegend. Wenn überhaupt was kommt. Und sonst? Nee, da gibt's nur eins.

Mein Gott, Eddy, nun drück dich mal konkreter aus.

Du bist doch sonst nicht auf den Kopf gefallen, ich wollte dir bloß den Vortritt lassen. Aber dann nicht. Weiber, natürlich Weiber.

Bella sah ihn ungläubig an.

Hör mal, sagte sie, ich bin jetzt seit mehreren Wochen da in der Gegend...

Also deshalb, sagte Eddy.

Ja, vielleicht, ich weiß nicht. Aber jedenfalls gibt's da keinen Strich, das kannst du mir... Sie sprach nicht weiter und sah Eddy an. Du meinst...

Na klar, sagte Eddy fröhlich. Jetzt hast du es begriffen.

Aber dann wurde er ernst, und Bella begann, ihn nach Einzelheiten auszufragen, die er nicht wußte.

In Wirklichkeit hat er nur ein paar sehr vage Vermutungen und einen winzigen Tip, der ihn auf den Gedanken gebracht hat, dachte sie. Weiber. So ein Unsinn.

Wenn Manuela keine Lust hat, mit mir nach Hause zu gehen...

Marcel, möchtest du nicht mal an die Tafel kommen? Hörst du nicht? Ich hab dich was gefragt.

Der Junge erschrak ein wenig, nicht sehr, die Lehrerin war nicht streng. Er erschrak, weil die Stimme der Lehrerin ihn in die Wirklichkeit zurückgeholt hatte. Vor der Wirklichkeit fürchtete er sich.

Er ging an die Tafel, obwohl er nicht wußte, was er da sollte, und rechnete mehr schlecht als recht. Als es klingelte, brachte er sogar ein schiefes, kleines Lächeln zustande, denn die Lehrerin hatte ihn gelobt. In der Pause spielte er nicht mit den anderen. Er suchte seine Schwester. Aber er fand sie nicht, und als er hörte, die Klasse seiner Schwester sei heute ins Kino gegangen – wieso hat sie mir heute morgen nichts gesagt –, wäre er fast in Tränen ausgebrochen. In der letzten Stunde wurde gemalt, und Marcel malte wie alle anderen Kinder zum Thema WIE ICH EINMAL ANGST HATTE. Vielleicht hätte ein Gespräch mit der Lehrerin über seine Zeichnung ihm helfen können. Aber seine Zeichnung lag ganz unten in dem Stapel der eingesammelten Blätter, und die Stunde war die letzte Stunde. Die Zeichnungen würden erst in einer Woche besprochen werden.

Als er den Schulhof verließ, sah er ihn auf der gegenüberliegenden Straßenseite. Der Junge war lang und dünn. Marcel hielt ihn für fünfzehn oder zwanzig. Das Schlimme an ihm waren seine Finger. Aber die konnte man jetzt nicht sehen. Er hatte sie in die Jackentaschen gesteckt.

Er hätte mit den anderen gehen sollen. Aber er hatte gedacht, wenn er lange genug wartete – und jetzt fühlte er die ekligen Finger an seinem Nacken.

Hast du's dabei?

Marcel schüttelte den Kopf. Er keuchte ein wenig. Der große Junge drehte ihm die Luft ab.

Hör zu, mein Kleiner, sagte er.

Marcel hielt den Kopf gesenkt, und die Stimme fiel auf seinen Nacken, genau dahin, wo die ekligen Finger seinen Kragen immer weiter zusammendrehten. Er hätte sich gern die Ohren zugehalten. Aber er traute sich nicht. Vielleicht hätte sie jemand gesehen und ihn gefragt, was los war. Dann würde alles rauskommen, und er müßte ins Gefängnis.

Na gut, dann gehst du eben in den Knast. Komm mit, Bürschchen. Da vorn stehen die Bullen. Kannst gleich einsteigen. Die suchen dich sowieso schon.

Der große Junge ging schneller. Marcel versuchte, sich loszumachen. Er keuchte, blieb stehen, und der Große lockerte seinen Griff.

Na? Hast es dir noch mal überlegt?

Marcel nickte. Mit dem linken Ärmel fuhr er sich über das Gesicht, um die Tränen abzuwischen.

Dann los. Ich komme mit und warte unten.

Du kannst nicht, du kannst...

Marcel konnte kaum sprechen. Seine Zähne schlugen aufeinander. Schluchzer unterbrachen ihn immer wieder.

Gar nicht so blöd, Kleiner, sagte der andere. Muß mich ja nicht unbedingt jeder sehen. Ich laß dich jetzt los. Wenn du abhaust, bist du dran. Ich geh langsam hinter dir her bis zur Haustür. Ich will sehen, wie du in den Fahrstuhl steigst. Dann geh ich die Treppen rauf und warte oben vor eurer Tür.

Der große Junge nahm die Hand von Marcels Hals. Sie hing jetzt neben Marcels Gesicht. Deutlich sah er die dünnen Finger, die aufgeplatzte, grindige Haut. Dann begann Marcel zu laufen, und die Hand blieb zurück. Aber sie waren nicht mehr weit von seinem Hauseingang entfernt. Als er die Tür erreicht hatte und sich umsah, stand der große Junge schon fast wieder neben ihm. Dann kam der Fahrstuhl.

Zehn Minuten zum Nachdenken, sagte der Große gerade, als die Fahrstuhltür sich hinter Marcel schloß.

Zwischen dem zweiten und dem dritten Stock blieb der Fahrstuhl stehen. Aber er hatte keine Angst. Als er klein gewesen war, hatte er Angst gehabt, wenn der Fahrstuhl steckengeblieben war. Jetzt war der Fahrstuhl wie eine Burg.

Marcel nahm die Schulmappe ab, setzte sich darauf und begann nachzudenken. Aber je mehr er darüber nachdachte, was er tun würde, wenn er den Fahrstuhl verlassen mußte, desto größer wurde seine Verzweiflung. Sie suchten ihn. Sie suchten einen Dieb und Mörder. Wenn er den Anspitzer bezahlt hätte, wenn er ihn nicht in die Tasche gesteckt hätte, dann wäre der Detektiv jetzt noch am Leben. Er hatte ihn die Treppe hinuntergelockt, als er geflüchtet war. Er hatte den Detektiv in den Tod gelockt. Er war schuld. Und der Große wußte das. Er hatte ihm den Zeitungsartikel unter die Nase gehalten. Und gesagt, er würde ihn nicht verraten, wenn er Geld für ihn besorgen würde. Aber er hatte kein Geld. Zweimal hatte er dem Jungen Geld gegeben, das er in der Wohnung gefunden hatte. Aber jetzt war in dem Versteck kein Geld mehr. Er hatte die Wohnung schon durchsucht. Er wußte, daß nichts mehr da war.

Bei dem Gedanken, dem Großen ohne Geld gegenübertreten zu müssen und dann von ihm zum Polizeiauto geschleppt zu werden, begann Marcel wieder zu weinen. Als der Fahrstuhl sich in Bewegung setzte – die zehn Minuten waren um und hatten ihre Wirkung getan –, weinte er verzweifelt. Im sechsten Stock stieg er aus. Er schloß die Wohnungstür auf, blickte zurück und sah an der Treppe zum nächsten Stockwerk den großen Jungen stehen. Selbst in seiner Verzweiflung merkte er, daß der Junge merkwürdig aussah. Er krümmte sich über dem Geländer. Sein Gesicht war grau. Er sah aus, als müsse er kotzen. Marcel fürchtete sich. Er schlug die Tür hinter sich zu. In der Wohnung war es still. Seit seine Mutter arbeitete, war die Wohnung leer, wenn er aus der Schule kam. Den Kleinen holten sie erst nachmittags aus dem Kindergarten. Meistens brachte Manuela ihn mit.

Ich weiß doch, daß kein Geld da ist, dachte Marcel. Trotzdem begann er zu suchen. Aber seine Phantasie, neue Verstecke zu finden, reichte nicht weit. Nach einer Viertelstunde hatte er sämtliche Schubladen aufgezogen, die Schuhe aus dem Schuhschrank im Flur auf den Fußboden geworfen und auf den Ablagebrettern des Schuhschranks nachgesehen. Er war unter Manuelas Bett gekrochen und unter sein Bett und hatte die Matratzen untersucht. Er hatte mit einem Löffelstiel in der Erde der Blumentöpfe herumgestochert und alle Teller aus dem Küchenschrank genommen. Vom Spiegelschrank im Bad war die rechte Tür abgebrochen, weil er sich daran festgehalten hatte, als der Hocker, auf dem er stand, zur Seite kippte. Aber das machte ihm schon nichts mehr aus, denn je länger er suchte, desto größer wurde seine Angst; und gerade, als er mit der Plastiktür des Badezimmerschranks in der Hand auf dem Fußboden im Bad saß und nicht mehr wußte, wo er als nächstes suchen sollte, schlug jemand mit den Fäusten an die Wohnungstür. Er hatte die Tür zum Bad offengelassen. Deshalb hörte er das Schlagen ganz genau. Er hörte auch die Stimme. In seiner Panik war er nicht mehr in der Lage wahrzunehmen, daß er die Stimme kannte.

Wenn ich ganz still bin, dachte er.

Das Plastikstück in seiner Hand zitterte.

Aufmachen, Polizei.

Marcel stand auf. In der Hand hielt er die abgebrochene Tür des Spiegelschranks. Er lehnte sich an die Wand im Bad, starrte auf die Wohnungstür und schob sich, den Rücken an der Wand, langsam aus dem Bad. Er bemühte sich, keine Geräusche zu machen. Schließlich stand er im Flur, den Blick noch immer auf die Wohnungstür gerichtet. Langsam ging er rückwärts ins Wohnzimmer. Es gab nur noch eine Möglichkeit zu entkommen. Wieder schlug jemand an die Wohnungstür. Leiser diesmal und ohne zu rufen. Der Junge war nicht mehr fähig zu überlegen. Er ging auf den Balkon. Die Balkontür war nur angelehnt, weil das Wohnzimmer tagsüber, wenn der Kleine nicht da war, gelüftet wurde. Seine Mutter hatte sonst Angst, der Kleine könne über die Brüstung klettern. Auch bei den Nachbarn stand die Balkontür tagsüber offen. Er würde über das Geländer auf den Balkon der Nachbarn klettern und sich in deren Wohnung verstecken. Da würden sie ihn nicht suchen. Als er begann, rittlings auf dem Balkongitter zum Nachbarbalkon hinüberzurutschen, hielt er noch immer die abgebrochene Plastiktür in der Hand. Kurz bevor er den anderen Balkon erreichte, sah er nach unten. Er sah einen Streifenwagen, der langsam die Straße entlangfuhr, direkt auf sein Haus zu.

Sie haben Verstärkung geholt, dachte er. Von da unten können sie mich sehen. Aber eigentlich wollte er nicht aufgeben.

Er fiel nur deshalb vom Balkon, weil er nicht daran dachte, das Plastikstück, das er in der rechten Hand hielt, loszulassen. Er hätte die Hand zum Festhalten gebraucht.

Der Junge vor der Wohnungstür wartete noch eine Weile. Er hatte ein paarmal gegen die Tür geschlagen, um dem Kleinen Dampf zu machen. Als sich da drinnen längere Zeit nichts rührte und schon zweimal Hausbewohner mit mißtrauischen Blicken an ihm vorbei nach oben gegangen waren, verließ er den Hausflur. Er fuhr mit dem Fahrstuhl nach unten. Im Fahrstuhl lehnte er sich an die Wand. Er spürte, wie ihm wieder übel wurde. Als er den Hauseingang verließ, sah er einen Menschenauflauf und einen Streifenwagen. Die Türen des Wagens standen offen, und die Polizisten, ein Mann und eine

Frau, versuchten, sich durch die Menge zu drängen. Sie sahen ihn nicht, und er machte, daß er davonkam.

Viel ist es ja nicht gerade.
Bella setzte die kleine Pappschale mit Weintrauben neben Rosi an der Kasse ab. Rosi hatte Bella gebeten, ihr in der Frühstückspause blaue Trauben mitzubringen.
Genau nach Rezept.
Rosi machte eine Weintraubenkur, um abzunehmen. Da die Trauben auf dem Foto in der Frauenzeitschrift blau gewesen waren, kamen ihrer Meinung nach auch nur blaue in Frage. Die blauen aber waren im Supermarkt ausverkauft.
Paß auf, daß du nicht unter hundert Pfund kommst.
Es standen keine Kunden an der Kasse. Bella hatte Lust, sich mit Rosi zu unterhalten. Ihr Verhältnis war ein wenig lockerer geworden, seit sie durch einen Tip von Rosi eine Wohnung gefunden hatte. Sie wohnten jetzt im selben Haus, Bella in der zweiten, Rosi in der achten Etage. Manchmal gingen sie zusammen nach Hause.
Das schaff ich nie.
Für Rosi waren hundert Pfund das Traumgewicht. Wenn sie es erreichte, würde sie aussehen, als stünde sie kurz vor dem Hungertod. Ein Mann steuerte auf Rosis Kasse zu, ein schöner Mann, wie Bella fand. Sie trat einen Schritt beiseite, so daß er Platz genug hatte, zwei Milchtüten auf das Laufband zu legen. Während er umständlich das Geld abzählte – offenbar kannte er sich in der fremden Währung nicht besonders gut aus –, hatte Bella Zeit, ihn zu betrachten. Ein großer Mann mit braunen Augen und sehr dunklen Haaren, schlank und mit sanften Bewegungen, ein Araber vielleicht.

Wie schön diese Ausländer oft sind, dachte sie. Und wie häßlich die Deutschen.

Sie hätte gern mit Rosi über den schönen Mann gesprochen, aber sie wußte, daß Rosi ihre Kunden nie ansah, während sie die Preise eintippte.

Und wenn mal jemand kommt und sich beschwert, hatte Bella sie gefragt. Du würdest die Leute doch gar nicht wiedererkennen.

Wenn jemand kommt und sich beschwert, hätte ich schlecht gearbeitet, hatte Rosi geantwortet. Wahrscheinlich, weil ich den Kunden angesehen hätte, anstatt auf die Preise zu achten.

Dagegen hatte Bella nichts zu sagen gewußt. Es kam tatsächlich niemals vor, daß Rosi einen Fehler machte; jedenfalls nicht, solange Bella im Laden beschäftigt war.

Der Araber nahm Rosi dankend den Kassenzettel aus der Hand und stellte die beiden Milchtüten in einen Korb. Bella sah ihm nach. Er hatte zwei leere Flaschen in dem Korb gehabt, die er jetzt der Verkäuferin in der Leergutabteilung entgegenhielt. Ein Mann und eine Frau, beide in ausgebeulten Jogginganzügen, schoben ihren Einkaufswagen in die Leergutabteilung. Sie brachten leere Bierflaschen zurück, deren nicht mehr vorhandener Inhalt in unmittelbarem Zusammenhang mit dem wabbeligen Joggingbauch des Mannes und der erbärmlich dürren Figur der Frau zu stehen schien. Die beiden gingen nebeneinander her, als gehörten sie nicht zusammen; und doch würden sie, wenn sie die leeren Bierkästen gegen volle vertauscht hätten, in spätestens einer halben Stunde gemeinsam auf einem wackeligen Sofa sitzen und sich das Vormittagsprogramm im Fernsehen ansehen. Der Araber hatte das Geld für die Milchflaschen entgegengenommen. Er behielt es in der Hand und sprach die Verkäuferin noch einmal an. Bella konnte nicht hören, was er sagte. Dafür hörte sie den Wabbelbauch.

Scher dich weg, du Kanake, sagte er laut. Laß die Frau in Ruhe. Hau ab, du Mistkerl, sag ich dir.

Der Araber sah den Mann an. Er hielt das Geld in der offenen Handfläche. Der Wabbelbauch schlug mit der flachen Hand unter seinen ausgestreckten Arm. Bella hörte, wie das Geld auf den steinernen Fußboden sprang und davonrollte.

Warum machen Sie das, sagte der Araber. Er sprach nicht besonders laut, aber so sorgfältig akzentuiert, daß Bella ihn jetzt gut verstehen konnte. Ich glaube, die Frau hat mir...

Bescheißen willst du. Ihr bescheißt doch alle. Laß ja unsere Frauen in Ruhe, sag ich dir.

Wabbelbauch hatte einen Fuß auf eine der Münzen gestellt. Die Frau, die zu ihm gehörte, fing an zu kreischen, als der Araber sich bückte und versuchte, den Fuß des Mannes beiseite zu schieben.

Bella sah zu Rosi, die mit dem Rücken zum Schauplatz saß und sich seelenruhig eine Weintraube nach der anderen in den Mund schob. Sie mußte den Lärm gehört haben, nahm ihn aber nicht zur Kenntnis. Entschlossen, der unwürdigen Szene ein Ende zu machen, ging Bella zu der Gruppe hinüber.

Hören Sie auf, hier rumzubrüllen, sagte sie laut und deutlich. Und heben Sie dem Mann das Geld auf.

Scheißkanake, brüllte der Bierbauch. Er begann, mit seinem Einkaufswagen nach dem Araber zu stoßen. Deutlich bemühte er sich, Bella nicht zur Kenntnis zu nehmen. Der Araber verlor die Geduld. Er griff mit einer Hand nach dem Wagen, um ihn abzuwehren oder zurückzustoßen, die andere hielt er Bella entgegen.

Ich hab nichts getan, sagte er. Es fehlt Geld. Ich wollte die Frau fragen...

Du hast hier nichts zu fragen, brüllte der Mann. Hau ab in dein Scheißland. Wo du hergekommen bist. Laß unsere Frauen in Ruhe.

Die Verkäuferin rührte sich nicht. Sie sagte auch nichts. Sie sah zu.

Er greift ihn an, schrie die Frau hinter dem Rücken ihres Mannes.

Aus der Nähe sah sie aus, als hätte sie zu viele Kinder geboren. Sie konnte höchstens dreißig sein, aber sie war fertig.

Halten Sie den Mund, sagte Bella.

Die Frau sah einen Augenblick verblüfft aus, blickte zu ihrem Mann hinüber und begann erneut zu kreischen.

Hilfe, er greift ihn an, schrie sie, der Ausländer greift meinen Mann an.

Bella ließ die Frau stehen und ging dorthin, wo der Araber noch immer versuchte, sich den Mann mit dem Einkaufswagen vom Leib zu halten. Die beiden waren inzwischen in der Nähe der Eingangstür angekommen. Keine der Verkäuferinnen nahm Notiz von der Szene. Der Ladenchef war nicht zu sehen.

Gehen Sie einfach, sagte Bella dem Araber.

Er hatte das Geld in die Tasche gesteckt und stemmte sich mit beiden Händen gegen den Einkaufswagen.

Es tut mir leid, entschuldigen Sie. Bitte gehen Sie einfach. Ich beruhige den Mann. Er ist betrunken.

Bella wußte, daß das nicht richtig war, aber es schien ihr einfacher, als zu sagen, der Mann haßt Ausländer, weil er jemanden braucht, den er für die Scheiße, in der er steckt, verantwortlich machen kann. Er kann ja nicht ständig seine Frau verprügeln. Und drei und drei zusammenzählen kann er auch nicht, denn er gehört zu den zwanzig Prozent der Menschen in dieser Stadt, denen die Regierung das niedrigste Bildungsniveau verordnet hat; und das sind die, die schon im Dreck sitzen, bevor sie das Wort Dreck buchstabieren können, und noch sehr lange danach.

Das alles und noch ein wenig mehr hätte sie sagen müssen. Aber es war nicht nötig. Sie sah den Araber an. Ihre Blicke trafen einander einen Augenblick. Bella sah deutlich, daß er eigentlich entschlossen gewesen war, es auf eine Auseinandersetzung ankommen zu lassen. Jetzt bemühte er sich, sie zu verstehen. Sie lächelte ihm zu und faßte nach dem Einkaufswagen. Er lächelte zurück, ließ den Einkaufswagen los und wandte sich zum Gehen.

Jetzt haut er ab, der Scheißkerl, unsere Frauen an...

Dem Mann im Jogginganzug gelang es nicht, den Satz zu Ende zu bringen. Bella schob den Einkaufswagen so plötzlich gegen ihn, daß er nur noch zwei kurze Rückwärtsschritte machen konnte, bevor er auf dem Boden saß. Sie ließ ihn sitzen und ging zu Rosi zurück, die die Weintrauben aufgegessen hatte und ihr entgegensah. Der Mann am Boden blieb ruhig, und auch das Kreischen der Frau hörte auf. Von irgendwoher erschien der Ladenchef. Er half dem Mann auf die Beine und begleitete ihn zu den aufgestapelten Bierkisten. Der Mann und die Frau unterhielten sich leise und aufgeregt mit ihm. Hin und wieder warfen sie hämische Blicke auf Bella. Sie verließen den Laden mit zwei vollen Bierkisten. Die Frau ging hinter dem Mann her. So, wie sie da gingen, sah es aus, als folge sie ihm wie ein Tier zur Schlachtbank.

Die kriegt 'ne Abreibung, sagte Rosi, bevor sie sich wieder ihrer Kasse zuwandte.

Der Ladenchef kam an ihnen vorbei.

Haben Sie nichts zu tun, Frau Block, sagte er. So, wie Sie hier rumstehen, könnte man denken, Sie lassen die anderen für sich arbeiten.

Ist er nicht süß, sagte Rosi halblaut.

Der Bentrupp war anzusehen, daß ihr ihre Aufgabe unangenehm war.
So sehen sie aus, wenn sie häßliche Nachrichten bringen, dachte Bella. Sie ging auf die Bentrupp zu, die sie merkwürdig förmlich nach dem Chef fragte und sie nicht weiter beachtete, nachdem sie die Auskunft bekommen hatte.

Bellas und Rosis Blicke trafen sich. Auch Rosi, die unbeschäftigt und Weintrauben lutschend an der Kasse saß, spürte, daß etwas nicht in Ordnung war. Dann hörten sie über den Lautsprecher: Frau Kowalski bitte, Frau Kowalski.

Bella blickte wieder zu Rosi hinüber, aber die hatte jetzt Kunden und sah nicht mehr auf.

Kurze Zeit später kam die Bentrupp wieder durch den Laden. Die Kowalski ging neben ihr. Sie war blaß und sah starr geradeaus. Die Bentrupp hatte sie am Arm gefaßt, aber sie nahm die stützende Hand nicht wahr. Wenig später erfuhr Bella von einer Kollegin, was geschehen war.

Ich war gerade bei ihm drin. Man denkt ja immer gleich das Schlimmste. Was würden Sie denken, wenn die Polizei zum Chef kommt und ihn nach meinem Namen fragt, und Sie stehen daneben? Polizei ist immer schlecht. Na ja, ich hab natürlich keine Kinder. Ich arbeite ja nur, weil es mir Spaß macht. Aber die Kowalski, na ja, ich mein ja nur, sie hätte genausogut was geklaut... Ich meine, mit den Kindern kann doch immer was sein, oder? Mein Mann, hab ich Ihnen schon erzählt, daß wir am Sonntag diesen Tagestrip nach Mallorca mitmachen? Bei SELEKTION hab ich einen Hosenanzug...

Bitte, sagte Bella, was war nun mit ihr?

Mit wem? Ach so, die Kowalski. Ja, also mit ihr war nichts. Furchtbar traurig. Der Junge ist tot. Der Mittlere. Er ist vom Balkon gefallen. Jedenfalls hat die Polizistin so was gesagt. Sie durfte auch gleich gehen. Da ist er ja großzügig, der Beier, finden Sie nicht?

Doch, sagte Bella.

Sie wandte sich um, ging an Rosi vorbei, die noch immer mit gesenktem Kopf Preise eintippte, und setzte ihre Arbeit fort. Sie war damit beschäftigt, in den Wasch- und Putzmittelregalen die Waren mit neuen Preisschildern zu versehen. Der Zentrale oder irgendwelchen Fabrikanten oder beiden war aufgefallen, daß die Preise in diesem Bereich schon seit Wochen unverändert geblieben waren.

Abends wartete sie auf Rosi.

Frag mich nicht, Frau Block, sagte Rosi, während sie zu Fuß zum Hoffnungsberg gingen. Sie sagte *du* und *Frau Block*, eine unter den Frauen übliche Methode, um Vertrautheit und Distanz gleichzeitig auszudrücken. Seit Rosi von blauen Weintrauben lebte, ging sie abends gern zu Fuß nach Hause, denn in der Frauenzeitung hatte auch gestanden, daß Bewegung gut sei.

Der Junge war ein paarmal im Laden. Aber du weißt doch, daß ich die Leute nicht sehe. Tut mir ja leid für sie. Aber drei Kinder. Vielleicht merkt sie, daß zwei besser sind als drei.

Rosi, du hast ein Gemüt wie ein Schlachterhund. Ich war mal bei ihr. Die hat es nicht leicht.

Was heißt hier leicht? Zeig mir doch mal wen, der es leicht

hat. Ich mochte sie einfach nicht besonders. Rennt immer mit so 'nem trüben Gesicht rum. Ich weiß gar nicht, Frau Block, warum du dir das so zu Herzen nimmst. Ich könnte dir ganz andere Geschichten erzählen.

Zu Herzen – ich nehm's mir nicht zu Herzen, sagte Bella. Sie fand plötzlich, daß Rosi recht hatte. Man wird ja noch mal drüber reden dürfen.

Ja, ja, sagte Rosi. Bloß nicht gerade jetzt. Ich muß jetzt entspannen. Bella respektierte Rosis Wunsch. Eine Weile gingen sie schweigend nebeneinander her. Vor ihnen tauchten die Wohnblocks auf. Die Reste des Feierabendverkehrs sausten auf der vierspurigen Betonstraße an ihnen vorüber. Niemand hielt sich an die Dreißig-Stundenkilometer-Begrenzung.

Kannst ja heute abend zu mir raufkommen, sagte Rosi in die kurze Stille zwischen zwei vorbeirasenden Autos.

Bella sah sie überrascht von der Seite an. Sie war noch nie in Rosis Wohnung gewesen. Nach dem mißglückten Abend bei der Kowalski war ihr die Lust vergangen, sich noch einmal irgendwo selbst einzuladen. Sie sah keine Bewegung in Rosis Gesicht.

Danke, sagte sie. Werden wir heute mal die Füße gemeinsam hochlegen. Ich spür meine kaum noch.

Rosi schwieg, bis sie ihren Wohnblock erreicht hatten.

Um neun denn, sagte sie und nahm die Treppe.

Bella blieb am Fahrstuhl stehen.

Ist gut, um neun, rief sie, bevor sich die Fahrstuhltür hinter ihr schloß.

Sie hatte die Wohnung vorübergehend gemietet, und es war nichts drin außer den eingebauten Küchenmöbeln, einer Liege mit dem notwendigen Bettzeug, einer Kiste mit ein paar Sachen zum Anziehen und ihrem Bademantel und den Seifensachen im Bad. Die Wohnung bestand aus einem großen Wohnzimmer, einer kleinen Schlafnische, der Küche und dem Bad. Das Wohnzimmer war leer bis auf die Kleiderkiste. Am Anfang hatte sie auch darauf verzichtet, Gardinen anzubringen. Aber die Lage im zweiten Stock war so ungünstig, daß sie bald die Notwendigkeit eingesehen hatte, Stoffstreifen vor das Fenster zu hängen. Sie wollte nicht, daß ihr Aufenthalt in der Wohnung von allen Nachbarn sofort als Provisorium erkannt würde. Ihren Lieblingsplatz hatte sie am Küchentisch. Das Küchenfenster ging hinaus auf ein Feld. Der Hoffnungsberg war auf einem früher landwirtschaftlich genutzten Gelände gebaut worden. Der Block, in dem Bella und Rosi wohnten, lag vorläufig noch am Rand der Siedlung.

Bella setzte sich an den Küchentisch und sah aus dem Fenster. Obwohl sie sicher war, daß sie bei Rosi außer blauen Weintrauben nichts zu essen bekommen würde, hatte sie keine Lust zu essen. Sie stand noch einmal auf, um die Wodkaflasche aus dem Kühlschrank zu holen, goß etwas aus der Flasche in das noch vom Tag vorher auf dem Küchentisch stehende Glas, stellte die Flasche auf die Tischplatte und setzte sich wieder ans Fenster. Auf dem Feld vor ihr wuchs Korn, eine endlose, dunkelgrüne, gleichmäßige Fläche, hin und wieder von den Spuren des Treckers zerschnitten, der vor ein paar Tagen Pflanzenschutzmittel verteilt hatte. Sie hatte vom Fenster aus die giftigen, weißen Schwaden gesehen und ein paar Kinder beobachtet, die unbeeindruckt in dem Graben gespielt hatten, der das Feld begrenzte. Jetzt war der Graben leer. Es floß auch kein Wasser darin. Die schwärzliche Brühe, die sie zuerst noch gesehen hatte, war versickert. Hellgrünweiße Wiesenkerbelwolken zeigten die Überdüngung des Bodens mit Stickstoff an. An klaren Abenden konnte man am

Horizont die Umrisse der Stadt erkennen. Jetzt war es diesig. Sie sah das endlose dunkle Grün des Feldes, das hellere Grün des Grabens und den dunkler werdenden Himmel und:

Hier ist Belladonna, die Dame vorm Felsgrund,
Die Situationistin.

Ach ja.
Pünktlich um neun stand Bella vor Rosis Tür. Sie hatte noch nicht geklingelt, als ihr bereits geöffnet wurde. Bella wußte inzwischen, daß die Bewohner all dieser Häuser mit einer Skala von festgefügten Geräuschen im Kopf lebten und oft automatisch auf diese Geräusche reagierten.
Man stand am Herd und hörte den Fahrstuhl und gleichzeitig den eigenen Fernseher und den Fernseher des Nachbarn, wenn dieser ein anderes Programm eingeschaltet hatte, und die Geräusche der eigenen Kinder aus dem Kinderzimmer und die der Kinder der Nachbarn, wenn diese Kinder hatten, und die Schritte und Stimmen der Jugendlichen, die vielleicht gerade im Treppenhaus Radau machten, und von irgendwoher das Pfeifen eines Wasserkessels und das Bremsen und Starten von Autos.
Diese und andere Geräusche wurden wahrgenommen und automatisch sortiert; die unwichtigen wurden beiseite geschoben, die wichtigen registriert, und plötzlich, beim Umrühren von irgendwas, rief dann jemand: Nun macht doch nicht solchen Krach dahinten im Kinderzimmer. Obwohl es im Treppenhaus gerade noch lauter gewesen war; möglicherweise rief jemand mit einer so lauten Stimme, daß irgendwer in der Nachbarwohnung ein weiteres Geräusch auf seiner Skala wahrnahm und als unwichtig oder höchstens unter der Rubrik: Bei denen ist wohl schon wieder Zoff – registrierte.

Rosi hatte sich nicht feingemacht. Sie trug noch dieselbe schreiend bunte Strumpfhose ohne Füße und das kurze Jäckchen, das sie am Tage getragen hatte. Während sie vor ihr her ins Wohnzimmer ging, hatte Bella die Gelegenheit, die Folgen der Weintraubenkur zu studieren. Sie fand sie niederschmetternd, aber da sie wußte, daß Rosi anderer Meinung sein würde, vermied sie es, ihren Eindruck laut zu äußern.

Rosis Wohnung hatte denselben Grundriß wie ihre eigene. Trotzdem fiel es ihr im ersten Augenblick schwer, sich zu orientieren. Es kam ihr vor, als befände sie sich in der Stofftierabteilung eines Kaufhauses.

Setz dich aufs Sofa, Frau Block, sagte Rosi.

Vor dem Sofa standen auf einem weißen Tischchen eine volle Wodkaflasche und ein Glas. Bella setzte sich. Rosi verschwand in die Küche und kam gleich darauf mit einem Tablett zurück, auf dem eine Schale mit blauen Weintrauben und eine Flasche Mineralwasser standen. Bella war froh, daß Rosi so schnell zurückgekommen war. Sie hatte Schwierigkeiten, den glotzenden Stofftieraugen standzuhalten.

Ich sammle die, sagte Rosi mit einer großzügigen Handbewegung. Toll, nicht?

Bella nickte. Sie konnte nichts sagen und hoffte, Rosi würde ihr Schweigen für Bewunderung nehmen.

Ich möchte mal wissen, was du eigentlich gut findest, sagte Rosi...

Bella schaute sie an und sah, daß Rosi lachte.

Mach mal die Flasche auf, Frau Block. Ich trink ja nichts. Aber du kannst ruhig zuschlagen.

Der Fernsehabend begann.

Bella wußte nicht, wie lange sie schon auf dem rosa Sofa gesessen hatte, als der Krach im Treppenhaus losging. Sie mußte drei oder vier Wodka getrunken haben. Rosi hatte ein paar Geschichten aus ihrer Kindheit erzählt, nüchtern und offensichtlich unbeeindruckt. Bella hatte begonnen, die Stofftiere mit anderen Augen zu sehen. Sie gefielen ihr immer noch nicht, aber sie kamen ihr jetzt weniger aggressiv vor. Rosi hatte gerade beschlossen, einen winzigen Wodka auf die Freundschaft mit Bella zu trinken, und Bella setzte zu einer längeren Rede an, in die sie geschickt ein paar Bemerkungen über die gesundheitsschädigende Wirkung von Diätkuren und über die Gründe, weshalb Frauen trotzdem immer wieder darauf hereinfallen, einzuflechten gedachte, als ein heftiger Schlag gegen die Wohnungstür sie unterbrach. Dem Schlag folgte lautes Geschrei und Getrappel im Treppenhaus. Es klang, als setze sich vor der Wohnungstür eine Völkerwanderung in Gang, bei der um die Aufstellung gestritten wurde, bevor es losging. Bella unterbrach ihre Rede. Sie sah Rosi an. Rosi starrte einen Augenblick zurück, zuckte die Schultern, hob ihr Glas und trank Bella zu.

Na, denn Prost, sagte sie.

Der Krach im Flur nahm ab. Irgend jemand hatte ihn in den Fahrstuhl gestopft und nach unten gefahren.

Wollen wir nicht mal nachsehen? fragte Bella.

Wozu? Das war schon mal. Wenn du rausgehst, kriegst du höchstens eins auf den Nischel.

Na, weißt du, sagte Bella und stand auf. Die können doch hier nicht machen, was sie wollen.

Sie ging in den Flur und sah durch den Spion in der Wohnungstür. Soweit sie sehen konnte, war der Hausflur leer. Die gegenüberliegende Wohnungstür stand offen.

Wer wohnt da drüben, rief sie. Die haben ihre Tür aufgelassen.

Ach die, hörte sie Rosi sagen.

Bella öffnete die Wohnungstür. Der Flur vor dem Fahrstuhl war tatsächlich leer. Aus der offenen Tür gegenüber hörte sie Musik. Auf der Etage gab es vier Wohnungen. Die Türen der beiden anderen Wohnungen blieben geschlossen. Nichts rührte sich. Entweder waren die Bewohner nicht zu Hause, oder sie zogen es vor, den Krach nicht zu beachten. Bella verließ Rosis Wohnung, ging über den Flur und blieb vor der offenen Tür der Nachbarwohnung stehen. Sie öffnete die Tür noch ein wenig weiter. Aus der Wohnung drangen Schwaden von Zigarettenrauch, irgendein Geruch, der einen Drogenhund nervös gemacht hätte, Alkoholdünste und noch immer Musik.

Hallo, rief sie.

Niemand antwortete. Offenbar hatte die Völkerwanderung niemanden zurückgelassen. Neugierig ging sie weiter. Der Flur war nicht beleuchtet, aber sie kannte ja den Grundriß, und im Wohnzimmer schien Licht zu brennen. Jedenfalls fiel ein schwacher Schein durch den Spalt, den die Wohnzimmertür offen ließ. Bella schob die Tür ganz auf.

Eine Musikanlage, ein Videorecorder, ein Fernseher, in dem ein Film ohne Ton lief, mehrere schwarze Ledersessel, ein mit Flaschen und Gläsern vollgestellter Glastisch auf verchromten Beinen, offene Vorhänge, ein sehr schöner Blick auf die nächtliche Silhouette des Hoffnungsbergs, auf dem schwarzen Ledersofa ein fast nacktes Kind, ein Mädchen, bewußtlos. Die Türen zur Küche und zum Schlafzimmer waren geschlossen. Ein Gummibaum. Neben dem Fenster.

O Gott, sagte Rosi hinter Bella.

Sieh nach, ob das Schlafzimmer leer ist, sagte Bella. Und mach Licht.

Sie ging in die Küche. Es war niemand dort. Sie fand ein einigermaßen sauberes Küchenhandtuch, hielt es unter den Wasserhahn und kehrte ins Wohnzimmer zurück.

Niemand drin, sagte Rosi. Was haben sie denn mit der angestellt.

Sie vergaß, das Licht anzumachen, ging aber noch einmal ins Schlafzimmer und kam mit einer Decke zurück, die sie über das Mädchen legte. Dann stellte sie sich neben das Sofa und sah zu, wie Bella sich bemühte, die Bewußtlose aufzuwecken. Es gelang ihr nicht.

Schnaps ist das nicht, sagte Rosi.

Steht hier irgendwo ein Telefon?

Rosi sah sich um, fand nichts und ging ins Schlafzimmer. Sie kam mit einem schnurlosen Telefon zurück. Es war rot und geformt wie ein hochhackiger Frauenschuh.

Können wir die Kleine einen Augenblick zu dir mitnehmen? fragte Bella. Ich glaub zwar nicht, daß sie zurückkommen. Aber sicher ist sicher.

Ohne eine Antwort abzuwarten, nahm sie Rosi das Telefon aus der Hand. Einen Augenblick zögerte sie, bevor sie zu wählen begann.

Tut mir leid, Mutter. Ach so. Um so besser. Du mußt mir helfen. Mach ein Bett zurecht und starken Kaffee. Ich bring ein Mädchen vorbei.

Olga unterbrach sie: Du hast doch den Wagen gar nicht. Der steht hier, Willy und ich sind damit unterwegs gewesen.

Dann rufe ich eben ein Taxi. Und sieh mal in deinem Doktorbuch unter Vergiftung nach. Danke.

Aber nur kurz, sagte Rosi. Mit so was will ich nichts zu tun haben.

Gemeinsam trugen sie das Mädchen hinüber in Rosis Wohnung. Sie legten es auf das rosa Sofa. Bella ging noch einmal zurück. Sie sah sich die Wohnung gründlich an. Aber sie fand nichts, das einen Hinweis auf die Bewohner hätte geben können, außer daß sie den Eindruck gewann, die Wohnung sei nicht regelmäßig bewohnt. Trotz der Flaschen und Gläser, trotz der überfüllten Aschenbecher und der funktionierenden Musikanlage fanden sich keine Spuren, die auf Bewohner schließen ließen. Der Kleiderschrank im Schlafzimmer war leer. In der Küche gab es keine Lebensmittel, weder in den Schränken noch im Kühlschrank. Nirgends standen persönliche Gegenstände oder Fotos herum. Einzig im Bad lagen ein paar gebrauchte Handtücher, Duschgel und ein einsamer Fön. Bella suchte nach einer Plastiktüte, fand eine edel aussehende, glänzende Papiertüte mit dicken Kordeln anstatt der üblichen Henkel und ließ den Fön, an der Schnur baumelnd, in die Tüte rutschen. Sie verließ die Wohnung. Sorgfältig schloß sie die Tür hinter sich. Bei den Nachbarn rührte sich noch immer nichts.

Sie blieb in der Tür zu Rosis Wohnzimmer stehen.

Das Mädchen lag auf dem Sofa, zugedeckt. Sein Gesicht lag direkt unter dem Lichtkegel der Stehlampe. Rosi stand hinter dem Sofa und sah auf das Gesicht.

Die kennen wir doch, sagte sie.

Ja, sagte Bella. Sie kommt mir bekannt vor. Und als Rosi hinzufügte: Die Frau kann einem aber auch leid tun, wußte sie, wer da lag. Sie ging zum Sofa und begann, das Mädchen vorsichtig zu schütteln.

Manuela, sagte sie, Manuela, hörst du mich?

Manuela machte einen Versuch zu antworten, aber es war klar, daß sie noch längere Zeit brauchen würde, um wieder bei Verstand zu sein.

Meinen Wagen hab ich nicht hier, aber ich bringe sie trotzdem zu meiner Mutter, im Taxi. Mit der Kowalski reden wir morgen. Die hat jetzt sowieso genug um die Ohren.

Das können Sie machen, wie Sie wollen, sagte Rosi.

Bella sah erstaunt auf. Rosi war ein paar Schritte zur Seite gegangen und sah jetzt vom Fenster her auf die neben dem Sofa kniende Bella.

Aber hier bleibt die nicht liegen.

Irgend etwas war geschehen, und als Bella zehn Minuten später – das Stöckelschuh-Telefon in der Hand, Manuela auf der Liege in ihrem Schlafzimmer – einen Augenblick Zeit hatte nachzudenken, begriff sie auch, was geschehen war. Sie hatte mit ihrem berufsmäßigen Verhalten in der ungewöhnlichen Situation Rosis Mißtrauen geweckt. Und der Hinweis auf den Wagen, den sie unbedacht gegeben hatte – bisher hatte sie nie darüber gesprochen, daß sie einen Wagen besaß, und Rosi mußte, wie auch alle anderen Kolleginnen, annehmen, sie könne sich ebensowenig ein Auto leisten wie jede andere Frau, die in einem Supermarkt als Packerin arbeitete –, dieser Hinweis hatte Rosi endgültig bestätigt, daß Bella ihr etwas vorgemacht hatte. Sie würde versuchen müssen, Rosi die Sache zu erklären. Es war keine Zeit dafür gewesen. Aber sie mußte es so schnell wie möglich nachholen.

Sie stand auf und ging ans Fenster, um nach dem Taxi zu sehen. Es hielt vor der Tür, und sie öffnete das Fenster und gab dem Fahrer ein Zeichen. Dann schlug sie die Decke fest um die tief schlafende Manuela und verließ mit ihr die Wohnung.

Die Taxifahrerin war eine junge Frau, die keine Fragen stellte.

Einmal, nach der Hälfte der Strecke, wandte sie sich Bella zu, die neben ihr saß.

So was hätte ich auch gebrauchen können, als ich in dem Alter war, sagte sie. Für den Rest der Fahrt schwieg sie.

Willy hielt Bella die Tür auf.

Ihre Mutter hat mich angerufen, sagte sie. Gemeinsam legten sie Manuela aufs Bett.

Ich mach das schon, sagte Olga und drängte die beiden beiseite.

Sie setzten sich in die Küche. Bella war schweigsam. Willy kochte Kaffee. Sie stellte eine Tasse Kaffee vor Bella hin und trug die Kanne ins Schlafzimmer. Bella hörte, wie sie zusammen mit Olga versuchte, Manuela den Kaffee einzuflößen. Nach einer Weile hörte es sich so an, als schleppten sie das Mädchen hin und her. Bella ging hinüber, wurde aber zurückgeschickt. Also saß sie weiter am Küchentisch. Dann wurde es im Schlafzimmer ruhiger, und Olga und Willy erschienen in der Küche.

Ihr tut ja gerade so, als hätte ich schuld an ihrem Zustand, sagte Bella.

Wo hast du sie überhaupt her? fragte Olga, statt zu antworten.

Kann sie heute nacht bei dir bleiben?

Bitte, wie du willst, sagte Olga. Ich geh dann jetzt schlafen.

Ich ruf dich morgen an. Danke, Mutter.

Soll ich Sie nach Hause fahren? fragte Willy.

Noch nicht. Aber wenn Sie mich zurück in die Siedlung bringen würden. Dahin fährt jetzt kein Zug mehr.

Sie saßen im Wagen, und Willy hatte noch immer nicht gefragt, was eigentlich los sei. Die Straßen waren leer. Willy fuhr schnell.

Das letzte Stück werde ich laufen, sagte Bella. Halten Sie bitte an der U-Bahnstation. Und was die Sache hier betrifft: Ich nehme an, es wird nur noch ein paar Tage dauern, dann ist endgültig Schluß mit dem Räuber-und-Gendarm-Spiel. Ich kann mir wirklich schönere Beschäftigungen vorstellen.

Können Sie nicht, sagte Willy.

Sie bremste so scharf, daß Bella sich am Armaturenbrett festhalten mußte, um nicht gegen die Scheibe zu fallen.

Alles in Ordnung, Willy? fragte sie.

Entschuldigung, sagte Willy. Ja, alles bestens. Im Augenblick keine Einbrüche, niemand niedergeschlagen. Ihr Haus steht noch. Lediglich mir sind ein paar Dinge nicht klar. Aber wer bin ich denn, daß ich Klarheit will, wo doch schon Sokrates wußte, daß er nichts wußte.

Genau, sagte Bella und lachte.

Auch Willy begann zu lachen.

Ach, bevor ich's vergesse. Mir ist etwas eingefallen. Zu neulich, meine ich. Sie hatten die gleichen Schuhe an.

Besonders einfallsreich war Männerkleidung noch nie, antwortete Bella. Ich hab übrigens seit heute Telefon. Sehen Sie unter – natürlich, so komme ich vielleicht weiter. Die Nummer. Das Ding muß doch auf irgend jemanden zugelassen sein. Ich ruf Sie an, Willy. Ich hab die Nummer nicht im Kopf. Ich sag Sie Ihnen durch, sobald Sie zu Hause sind. Wenn Sie wollen, rufen Sie mich abends an. So gegen acht. Jeden Abend. So können wir am einfachsten in Verbindung bleiben. Kann sein, ich brauche zwischendurch Ihre Hilfe.

Oder ich Ihre, sagte Willy.

Bella stieg aus, und Willy fuhr davon. Diesmal langsam und ohne allzuviel Krach zu machen. Bella sah ihr nach, bis der Wagen in Richtung Stadt abbog. Leer, schwarz und glänzend lag die Straße da. Es roch nach Regen auf Staub und Beton. Ein einzelnes Auto kam langsam die Straße herauf. Die Scheinwerfer waren abgeblendet. Im Licht der Straßenlaterne erkannte Bella den Dachaufbau. Sie trat hinter einen Heckenrosenbusch. Der Streifenwagen fuhr an ihr vorbei, ohne daß die darin sitzenden Männer sie gesehen hatten.

Mich haben sie nicht gesehen, dachte Bella, während sie dastand und den Duft der Heckenrosen einatmete, und die beiden auf der Parkbank vor der Kirche wollten sie nicht sehen. Was sollten sie auch mit ihnen anfangen.

Sie verließ ihr Versteck und ging hinter dem Streifenwagen her, der die Richtung zu ihrem Block genommen hatte. Er stand auch dort an der Ecke. Niemand saß darin. Es blieb ihr nichts anderes übrig, als in sicherer Entfernung zu warten.

Hatte Rosi die Polizei gerufen? Kaum vorstellbar. Jemand von den Nachbarn? Bestimmt nicht. Also doch Rosi. Oder jemand von gegenüber?

Sie sah sich um. Alle Fenster in den umliegenden Wohnblocks waren schwarz und leer. Jemand, der nachts die Polizei rief, blieb zumindest am Fenster stehen und wartete, bis sie kam.

Oder wollten sie zu ihr?

Sie ging bis zur Ecke, blieb dort stehen und beobachtete ihren Hauseingang. Vielleicht waren sie gar nicht in ihrem, sondern in irgendeinem anderen Wohnblock. Sie mußte nicht lange warten. Nach etwa vier Minuten sah sie die Polizisten den Hauseingang verlassen, zu ihrem Wagen gehen, einsteigen und losfahren. Es war so still, und sie war so dicht bei ihnen, daß sie gehört hätte, worüber sie sprachen, wenn sie gesprochen hätten.

Ihre Wohnung fand sie, wie sie sie verlassen hatte. Niemand war dagewesen, und es fehlte nichts; bis auf die Decke, in der sie Manuela zum Taxi getragen und die sie bei Olga vergessen hatte. Es blieb ihr nichts anderes übrig, als sich mit ein paar Kleidungsstücken zuzudecken. Dann lag sie da – sie hatte die Liege in die Mitte des Wohnzimmers gestellt und die Vorhänge offengelassen –, starrte in den schwarzen Himmel, der am unteren Rand der rechten Fensterscheibe ein wenig heller war, weil dort unten irgendwo eine Laterne stand, und dachte darüber nach, was sie als nächstes zu tun hätte. Sie stand noch einmal auf, um Willy anzurufen. Das Telefon funktionierte nicht. Sie legte sich wieder hin und stopfte die Hosen und Pullover so dicht wie möglich um sich herum. Ihr war kalt. Bevor sie einschlief, fiel ihr Blick auf das auf dem Fußboden stehende Telefon: ein hochhackiger, nutzloser Frauenschuh auf dem leeren Fußboden eines kahlen Zimmers.

Sie war nicht wieder zur Arbeit gegangen, nachdem die Polizistin mit ihr zu Marcel gefahren war. Sie hatten ihn in St. Georg in die Leichenhalle gelegt.

Als sie auf das Krankenhausgelände gefahren waren, hatte sie sich einen Augenblick lang eingebildet, er läge auf einer Station, und sie käme, um ihn zu besuchen. Er war sehr klein gewesen unter dem Tuch und ihr sehr fremd. Sie hatte nur genickt, als man sie gefragt hatte, ob das ihr Sohn sei. Geweint hatte sie nicht. Sie hätte die Kinder nicht allein lassen dürfen. Die Idee mit der Arbeit war falsch gewesen.

Sie hatten sie nach Hause gebracht und sich die Wohnung angesehen. Manuela war schon da gewesen. Der Kleine auch. Der begriff noch nichts. Manuela hatte versucht, sie zu trösten. Sie hätte nicht arbeiten gehen dürfen. Daran war nichts zu ändern.

Sie hatte den Kleinen ins Bett gebracht – es war zu früh für ihn, und sie hatte ihm ein Zäpfchen geben müssen – und war in der Küche am Tisch sitzen geblieben. Irgendwann war Manuela aus ihrem Zimmer gekommen. Es war etwas mit ihr los gewesen. Sie hatte ganz aufgelöst ausgesehen. Es war ihr aber nicht gelungen, sich zu überwinden und Manuela zu fragen. Vielleicht hatte sie um den Bruder geweint. Gegen Abend hatte Manuela die Wohnung verlassen.

Sie war vom Küchentisch aufgestanden und ins Wohnzimmer gegangen. Aus der Wohnung über ihr hatte sie den Gong zur Tagesschau gehört und den Fernseher eingeschaltet. Das Klingeln hatte sie nicht gehört und auch nicht, was die Nachrichtensprecherin sagte. Die Nachrichtensprecherin war blond und trug glitzernde Ohrringe und ein weißes Jackett.

Sie hatte die Klingel erst gehört, als die Sprecherin eine Pause machte und Bilder ohne Ton zu sehen waren. Sie war aufgestanden und hatte die Tür geöffnet. Sie hatte einfach geöffnet und war einen Schritt zur Seite getreten, um den Mann an sich vorbei zu lassen. Jetzt saßen sie einander in der Küche gegenüber. Von oben und aus der offenen Wohnzimmertür war das Fernsehprogramm zu hören. Es hieß Flitterabend.

Ich dachte, sagte der Mann, wo du nun, vielleicht brauchst du jemanden...

Er sah sie an und dann an ihr vorbei aus dem Fenster. Als er das Schweigen nicht mehr aushielt, stand er auf und holte den Korn und die Limonade aus dem Küchenschrank.

Ich nicht, sagte die Frau.

Er nahm nur ein Glas aus dem Küchenschrank. Als er das leere Glas auf den Tisch stellte, stöhnte er ein wenig.

So was passiert eben, sagte er. Es sollte tröstlich klingen.

Zehn Jahre zieht man sein Kind groß, und dann ist es weg, sagte die Frau. Ich hätte sie nicht allein lassen dürfen.

Sie weinte noch immer nicht. Sie konnte nicht weinen, denn der Gedanke, daß sie schuld war am Tod ihres Sohnes, brauchte Zeit, um sich in sie hineinzufressen. Weinen wäre dabei hinderlich gewesen. Es war nicht so, daß sie sich nicht schon schuldig gefühlt hätte, bevor Marcel gestorben war. Aber bisher hatte sie die üblichen Schuldgefühle gehabt, die alle Mütter haben, durch nichts und alles begründet und jedenfalls dazu geeignet, sie in möglichst großer Anzahl an dem Platz festzuhalten, an den sie nach allgemeiner und auch nach ihrer eigenen Meinung gehören. Die Schuldgefühle, die jetzt in ihr entstanden, die sich in sie hineinfraßen und sie nicht wieder verlassen würden, bis sie tot war – so, wie der Parasit den Wirt nicht verläßt, es sei denn, der Wirt stirbt vor ihm –, diese Schuldgefühle waren von anderer Art. Und obwohl die Mütter sie nicht kennen, bevor sie von ihnen angefallen werden, fürchten sie sie doch alle insgeheim. Sie ahnen, was die erleben, die irgendwann befallen werden, und ihre Reaktionen auf das Unglück der anderen sind immer mit einer winzigen Spur von Erleichterung gemischt, denn wenn es gerade erst die andere getroffen hat, dann kann es mich doch nicht auch noch treffen. Was nur dem Anschein nach richtig ist, nicht aber in Wirklichkeit.

Die Frau stand auf und ging ins Bad.

Es ist alles durcheinander, sagte sie, als sie zurückkam. Ich will das in Ordnung bringen.

Aber sie blieb am Tisch stehen und sah auf den Mann herunter.

Und du, was willst du hier?

Er hatte den Eindruck, sie bemerke ihn erst jetzt. Sie war verändert, und das war ihm unangenehm. Deshalb antwortete er nicht und sah vor sich auf die Tischplatte.

Ist ja auch egal, sagte die Frau. Du kannst morgen für mich in den Supermarkt gehen und mein Geld abholen. Ich krieg da noch Geld.

Na, siehst du, sagte er. Mit Papa geht doch alles viel besser.

Sie antwortete nicht und verließ die Küche. Er hörte sie im Bad herumräumen. Dann verließ sie das Bad und ging ins Kinderzimmer. Da hörte er sie nicht. Der Fernseher war zu laut. Schließlich stand er auf und ging ins Bad. Er sah, daß die Tür des Spiegelschranks herausgebrochen worden war, und ging zurück in den Flur.

Wo ist eigentlich Manuela, rief er.

Als die Frau nicht antwortete, ging er ins Kinderzimmer. Sie saß am Tisch unter dem Fenster. Die Matratzen waren hochgenommen und nicht richtig zurückgelegt worden. Der Läufer lag unter Marcels Bett. Alle Schubladen standen offen. Der Inhalt von Manuelas Schrank lag verstreut auf dem Fußboden.

Was...

Die Frau sah ihn an, und er blieb ruhig, stand weiter in der Tür und sah sich um.

Ich hätte die Arbeit nicht annehmen dürfen, sagte sie vom Fenster her.

Wenn man das hier sieht, ganz bestimmt nicht.

Er wandte sich um und ging zurück in die Küche. Die Frau folgte ihm.

Gehst du dann morgen für mich?

Na klar, sagte er und goß sich noch einen Schnaps ein.

Sie wird abhauen, sobald sie wieder laufen kann, dachte Bella. Ich hoffe, Olga hat die Tür abgeschlossen.

Sie suchte die Telefonnummer der Bentrupp. Das Telefon funktionierte noch immer nicht. Als sie die Visitenkarte gefunden hatte, zog sie sich an und ging auf die Straße, um eine Telefonzelle zu suchen. Die erste, die sie sah, stand direkt vor ihrem Haus. Irgend jemand hatte den Hörer abgerissen. Die zweite fand sie ein paar hundert Meter weiter. Sie war in Ordnung. Es war halb sieben Uhr morgens, genau die richtige Zeit, um eine tüchtige Polizistin anzurufen. Endlich. Die Stimme der Bentrupp klang tatsächlich so frisch geduscht, wie sie es erwartet hatte.

Wir haben eine Chance, sagte Bella ins Telefon, wenn Sie so bald wie möglich kommen und Fotos von den toten Mädchen mitbringen.

Die Bentrupp zögerte und stellte ein paar überflüssige Fragen, die Bella ausweichend beantwortete. Schließlich sagte sie zu. Bella fuhr zu Olga.

Olga hatte die Wohnungstür tatsächlich abgeschlossen und fand den Schlüssel nicht gleich. Sie hatte ihn vor Manuela versteckt. Bella stand vor der Tür und wartete. Eine Nachbarin erschien im Treppenhaus, älter als Olga, angetan mit Hut und Mantel.

Na, das ist aber schön, daß Sie Ihre Mutter schon so früh besuchen. Oder ist sie krank? Nein? Ja, ich besuche meinen lieben Mann auf dem Friedhof. Das Barometer hat gutes Wetter angezeigt. Das muß man ausnutzen.

Die Nachbarin ging weiter. Aus der alten Ledertasche, die sie über dem Arm trug, ragte ein Stiel. Ihr Mann war vor achtzehn Jahren gestorben.

Sie beharken sich über den Tod hinaus, dachte Bella.

Endlich hörte sie den Schlüssel im Schloß.

Entschuldige, aber ich dachte, es wäre besser, wenn ich abschließe.

Olga war angezogen. In der Küche stand das Frühstück auf dem Tisch. Es roch nach Kaffee, frischen Brötchen und Butter. Bella bekam einen Anfall von Heimweh. Der Anfall verschwand glücklicherweise bald, vertrieben durch Olga, natürlich.

Herrgott, wie du aussiehst. Hast du nicht geschlafen?

Sie sagte das in einem Ton, der dem eines Reporters, der vom Ausbruch des Pinatobu berichtet, in nichts nachstand. Bella hatte keine Lust, sich auf eine Diskussion über Schönheitsschlaf einzulassen. Betont kühl erkundigte sie sich nach Manuela.

Sieh nach. Sie schläft. Aber sie wird bald aufwachen. Vermutlich geht's ihr dann schlecht. Wer ist das nun eigentlich?

Ich erklär's dir später, Mutter, sagte Bella. Sie ist die Tochter einer Kollegin.

Das war unbedacht.

Was für eine Kollegin? Hast du wieder bei der Polizei angefangen? Wieso hast du mir nichts davon erzählt? Kein Wunder. Wenn meine Mutter Polizistin gewesen wäre...

Mutter, denk mal nach. Deine Mutter hätte nicht Polizistin sein können.

Gott sei Dank, sagte Olga voll Überzeugung. Sie war Tänzerin. Sonst hätte sie deinem Großvater wohl auch kaum gefallen. Ich erinnere mich, daß sie erzählt hat...

Bella ging ins Schlafzimmer und betrachtete Manuela. Sie hatte den Eindruck, das Mädchen stelle sich schlafend, und sprach es an. Manuela reagierte nicht, und so ging Bella zurück in die Küche, um zu frühstücken. Im stillen hoffte sie, die Bentrupp würde nicht in Uniform ankommen. Ihre Mutter hatte eine unüberwindliche Abneigung gegen Polizisten. Das war ein Relikt aus der Zeit, als sie bei Demonstrationen regelmäßig festgenommen worden war. Selbstverständlich waren diese Zeiten lange vergangen. Demonstrationen galten inzwischen als Aushängeschild der Demokratie. Die Regierungen hätten sie erfunden, wenn es sie nicht gegeben hätte. Je größer, desto besser, denn je größer die Veranstaltungen der Mittelschichten waren, desto sicherer konnten sich die Regierungen fühlen. Es war anzunehmen, daß mancher aufgeweckte Bürgermeister oder Landesvater, verborgen hinter den Vorhängen seines Amtszimmers, den Demonstrationen unten auf der Straße mit Entzücken zusah. Hier wurden die Slogans seiner nächsten Wahlkampagne geboren. Diese Menschen artikulierten ihre Bedürfnisse oder die ihrer Kinder. Recht hatten sie, und man würde sich bemühen, ihren Wünschen nachzukommen.

Olga, die zu der aussterbenden Art der dogmatischen Kommunisten gehörte, war diese Entwicklung nicht verborgen geblieben. (Wie viele ihrer Genossen war sie durchaus und in einem sehr hohen Maß fähig, gesellschaftliche Prozesse zu analysieren. Es war nicht ihre Schuld, daß ihre Parteiführung nicht in der Lage war – oder, wenn doch, zumindest unfähig –, neue Erkenntnisse in Politik umzusetzen.) Auch war sie gewohnt, zwischen der Erscheinung und dem Wesen der Dinge zu unterscheiden. Und es war nun mal ihre Überzeugung, daß zum Wesen eines Polizisten der Schlagstock gehöre, auch wenn, wie sie sich ausdrückte, *sie heute so tun, als wären sie alle harmlose Walkie-talkie-Männchen.*

Natürlich bin ich nicht wieder zur Polizei gegangen, sagte Bella. Ich erwarte aber eine Polizistin. Ich möchte herausbekommen, was mit dem Mädchen geschehen ist. Sie wird mir dabei helfen.

Wider Erwarten hatte Olga keine Einwände.

Ich werd einholen gehen, wenn die Dame kommt, sagte sie. Möchtest du bei mir zu Mittag essen?

Danke, ich muß... Ach du lieber Himmel!

Bella hatte auf die Uhr gesehen. Der Supermarkt. Es war nach acht. Sie rief dort an, erklärte, daß sie erst mittags kommen könne, weil in ihrer Wohnung ein Wasserrohr geplatzt sei, und hatte gerade noch einmal nach Manuela gesehen, als die Bentrupp erschien. Olga zog ihren Mantel über und verschwand.

Erstaunlich früh für eine alte Dame, einholen zu gehen. Ich hoffe, sie geht nicht meinetwegen, sagte die Bentrupp, die am Fenster stand und Olga auf dem Bürgersteig unter dem Fenster vorbeigehen sah. Sie wandte sich Bella zu und sah sie fragend an.

Das Mädchen liegt nebenan, sagte Bella. Ich hab sie gestern Nacht gefunden. In einer Wohnung im achten Stock. Sie war bewußtlos. Ich hab sie hierhergebracht, weil es mir sicherer schien.

Sie hätten sie nach Hause bringen können.

Ja, sagte Bella. Wollen wir versuchen, mit ihr zu reden?

Sie ging voraus, und die Bentrupp folgte ihr. Manuela war wach. Sie saß aufrecht im Bett. Den Hinterkopf hatte sie gegen zwei Eisenstäbe gelehnt. Eigentlich schlief Olga in dem alten, weiß lackierten Eisenbett. An den Kissen und Decken, die auf dem Fußboden lagen, war zu erkennen, daß sie die Nacht auf irgendeinem Provisorium verbracht und das Bettzeug aus Rücksicht auf das schlafende Mädchen noch nicht wieder weggeräumt hatte.

Kann ich Kaffee haben?

Bella beeilte sich, einen Becher mit Kaffee herbeizubringen. Wenn sie gewußt hätte, daß der Wunsch nach Kaffee vorläufig das einzige sein würde, was sie von Manuela zu hören bekommen sollten, hätte sie sich nicht so beeilt. Manuela trank den Kaffee, sah die beiden Frauen feindselig an und schwieg. Sie schwieg, als Bella sie nach den Inhabern der Wohnung fragte; sie schwieg, als sie ihr erklärte, daß sie in der Nacht beinahe gestorben wäre; sie schwieg, als sie nach ihren Lehrern gefragt wurde; und sie schwieg noch, als Bella von ihrer Mutter und dem Tod ihres Bruders sprach. Erst als die Bentrupp die Fotos aus der Tasche holte und sie auf der Bettkante ausbreitete, fing sie an zu heulen.

Beide, Bella und die Bentrupp, fühlten sich mies. Die Fotos sahen scheußlich aus. Es dauerte eine Weile, bis Manuela sich so weit beruhigt hatte, daß sie sprechen konnte. Während sie sprach, hörte Bella Olga zurückkommen. Sie kam nicht ins Schlafzimmer. Später ging Bella zu ihr in die Küche, um sie zu fragen, ob das Mädchen noch eine Weile bei ihr bleiben könne.

Wenn sie will, sagte Olga. Wenn sie nicht nach Hause will.

Ich rede mit ihrer Mutter. Ich treff sie nachher, sagte Bella und ging zurück ins Schlafzimmer.

Sie und auch die Bentrupp machten sich ein paar Notizen, während das Mädchen sprach. Sie erfuhren drei türkische Namen und die Adressen zweier weiterer Wohnungen, in denen es regelmäßig *Feten* gegeben habe. Bella war sicher, daß die Wohnungen leer sein würden, wenn die Polizei dort aufkreuzte. Sie wußte nicht, weshalb, aber sie war auch sicher, daß Manuela nicht alles gesagt hatte, was sie hätte sagen können.

Es wäre vielleicht besser, du würdest noch etwas hierbleiben, sagte sie, als deutlich wurde, daß das Mädchen nichts mehr sagen würde. Ich rede nachher mit deiner Mutter.

Manuela heulte ein bißchen, kroch aber wieder unter die Bettdecke. Die Bentrupp steckte die Fotos weg, verließ das Schlafzimmer und machte Anstalten zu gehen. Bella hatte das Gefühl, irgend etwas sagen zu müssen.

Was werden Sie jetzt tun, fragte sie an der Haustür.

Ich bringe die Fotos zurück und gebe die Adressen weiter. Dann wird's einen Einsatz geben, vermute ich. Und damit ist die Sache dann wohl erledigt. Danke für Ihre Hilfe. Ohne Sie hätte es vermutlich länger gedauert, bis wir dahintergekommen wären.

Vermutlich.

Bella war nicht klar, ob die Bentrupp ernst meinte, was sie gesagt hatte. Es sah fast so aus. Nachdenklich ging sie in die Küche zurück, um sich von Olga zu verabschieden.

Milchreis, Quarkspeise oder Schokoladenpudding, was glaubst du?

Frag mich was Leichteres, sagte Bella, schon beim Gehen. Weshalb machst du nicht alle drei und läßt sie wählen?

Dann blieb sie stehen. Ihr war etwas eingefallen.

Was ist eigentlich aus deinem Besuch geworden?

Weißt du, sagte Olga, ich glaube, ich werde alt. Ich bin neuerdings so unduldsam. Ich hab sie einfach rausgeworfen. Obwohl sie doch früher Genossen waren. Es war schon merkwürdig, daß sie unbedingt auf die Reeperbahn wollten. Und dann diese seltsamen Reden über Freiheit. So, als ob sie nie eine Schulung gehabt hätten. Aber der Gipfel war die Gleiwitzer Wurst.

Die was?

Ach, ich weiß nicht, ob du mir recht geben wirst. Aber es war so – Olga suchte nach einem Wort. Also, ganz schnell erzählt: Wir haben in der Lebensmittelabteilung im Kaufhaus eingekauft. Muß man ja. Die kleinen Läden sind ja weg. Und da lag natürlich alles herum, was dieses Land so international zusammenrafft. Am Tag bevor sie abfahren wollten, haben sie mich um Geld gebeten. Sie wollten noch mal einkaufen gehen. Sie hätten da eine Wurst gesehen, die hätte so gut ausgesehen, die wollten sie gern mitnehmen. Weißt du, ich hab ihnen das Geld gegeben. Das Geld war es nicht. Es war einfach – obszön. Gleiwitzer Wurst. Ich konnte es nicht mehr ertragen.

Bella sah ihre Mutter aufmerksam an. Klein und zerbrechlich stand sie in der Wohnungstür, durchaus in der Lage, mit allen Unwägbarkeiten, die das plötzliche Auftauchen eines jungen, fremden Mädchens in ihrer Wohnung mit sich brachte, fertig zu werden. Aber so eine Gleiwitzer Wurst brachte sie durcheinander.

Ihr seid schon ein sonderbares Volk, sagte sie, strich ihrer Mutter über die Wange und ging endgültig.

Weshalb ist Manuela nie vernommen worden, dachte sie, während sie in der Bahn saß, um ins Einkaufszentrum zu fahren. Sie müßte die anderen Mädchen doch gekannt haben. Das letzte war ein Unfall. Vielleicht sah alles so eindeutig aus, daß niemand auf die Idee gekommen ist. Aber Selbstmord? Da fragt man doch. Dann fiel ihr ein, daß die dritte nicht aus dem Fenster ihrer eigenen Wohnung gefallen war. Auch bei der hätten sie nachforschen müssen. Und wenn Eddy doch recht hatte? Die beiden Polizisten fielen ihr ein, die sie in der Nacht vor ihrem Haus gesehen hatte. Hatten sie die Wohnung im achten Stock gekannt? Oder hatte der nächtliche Besuch doch ihr gegolten? Sie hatten die gleichen Schuhe an.

Zwei der drei Adressen hatte Bella schon aufgesucht. Immer nach Feierabend, müde und mit weniger Neugier, als sie eigentlich hätte haben müssen. Die zweite schon mehrmals ohne Erfolg. Sie hatte beschlossen, dort nicht noch einmal hinzugehen, aber der Bentrupp, wenn sie sie wiedersah, einen Tip zu geben. Als sie das erste Mal an der Wohnungstür geklingelt hatte, war auf der anderen Seite der Tür ein größerer Hund mit so rasendem Gebell gegen die Tür gesprungen, daß sie erschrocken zurückgewichen war. Niemand hatte die Tür geöffnet. Sie war deshalb später und auch an ein paar anderen Tagen noch einmal dort gewesen. Jedesmal hatte der Hund versucht, sie durch die geschlossene Tür anzufallen. Bewohner der Wohnung hatten sich nicht gezeigt. Heute war sie zum letzten Mal dort gewesen. Der Hund hatte eine so merkwürdige Stimme gehabt, daß sie plötzlich sicher war, er befände sich schon längere Zeit allein in der Wohnung.

Die Eltern des zweiten Mädchens, die, deren Tochter sich erhängt hatte, waren gleich am ersten Abend zu Hause gewesen. Sie hatten nichts gewußt.

Die Mutter hatte sofort begonnen zu weinen. Der Vater, ein mißtrauischer Mensch, hatte erst gesprochen, als sie versicherte, sie sei nicht von der Bild- Zeitung. Er hatte nichts zu sagen über das Leben seiner Tochter. Er wußte einfach nichts. Er hatte auch der Zeitung gesagt, daß er vom Leben seiner Tochter keine Ahnung habe. Wie man das eben so sagt. Die hatten daraus eine Geschichte gemacht, über ihn als Rabenvater, und eine Serie über die Folgen mangelnder Liebe im Elternhaus. Seine Kollegen hatten tagelang nicht mit ihm gesprochen.

Bella gab ihm recht. Er war wirklich nur ein ganz normaler

Vater. Und jetzt war sie auf dem Weg zur dritten Adresse. Die dritte Adresse war eine kleine Überraschung. Inmitten von Wohnblocks standen ein paar moderne Einfamilienhäuser mit Doppelgarten, Terrasse und allem Drum und Dran. Sie hätten in jeden besseren Villenvorort gepaßt. Hier wirkten sie merkwürdig. Aus den Fenstern der um sie herum stehenden Wohnblocks konnten liebenswürdige Nachbarn sicher jede Regung der Bewohner beobachten.

Vielleicht haben sie sich die Keller ausgebaut, dachte Bella, während sie darauf wartete, daß ihr Klingeln eine Reaktion hinter der Haustür hervorrief. Wenn sie mal unbeobachtet sein wollen, dann gehen sie in den Keller.

Sie klingelte noch einmal. Die Klingel hatte einen hellen, weichen Klang. Sie spielte eine kleine Melodie. Hinter der Tür näherten sich Schritte, und die Tür wurde geöffnet. Bella stand einer Frau gegenüber, die angezogen und geschminkt war, als wollte sie gerade ausgehen. Die Frau bat sie herein. Während sie vor Bella her ging, schwankte sie ein wenig auf hohen Absätzen. Offensichtlich hatte sie ein paar Gläschen zuviel getrunken. Vielleicht ging ein Leben auf dem Präsentierteller über ihre Kraft.

Die Zimmer waren um den Korridor herum angeordnet. An allen Türen hingen Kränzchen aus getrockneten Blumen, an einigen Schilder, die die Funktion des hinter der Tür liegenden Raumes erläuterten. Wahrscheinlich, damit niemand auf die Idee kam, in der Dusche zu kochen.

Möchten Sie etwas trinken, fragte die Frau.

Sie wollten sicher gerade gehen. Ich will Sie nicht lange aufhalten.

Die Frau sah Bella erstaunt an, und Bella begriff, daß sie gar nicht vorhatte auszugehen. Die Frau verschwand und kam mit einem Tablett zurück, auf dem eine verschlossene Flasche Wein und zwei Gläser standen. Sie hatte Schwierigkeiten, den Korkenzieher gerade aufzusetzen. Bella öffnete die Flasche. Der Wein war besser als der bei der Kowalski. Die Frau saß ihr in einem Sessel gegenüber. Sie hatte die Beine übereinandergeschlagen, die Hände mit den lackierten Nägeln auf die Sessellehnen gelegt und sah sie an. Jedenfalls sah sie in ihre Richtung. Ihre Augen waren weit aufgerissen und glasig, die Sprache langsam und sorgfältig artikuliert.

Unsere Tochter, sagte sie. Wie lange ist das jetzt her. Mein Mann ist beim Tennis. Ich werde ihn fragen, wenn er nach Hause kommt. Wie, sagten Sie, heißen Sie?

Erinnern Sie sich, wie es Ihrer Tochter ging, bevor – ich könnte ruhig sagen, bevor sie ihren Kopf in den Backofen gesteckt hat, dachte Bella, die würde den unpassenden Ausdruck gar nicht wahrnehmen –, wie ging es ihrer Tochter, bevor sie starb? Ist Ihnen irgend etwas Besonderes aufgefallen?

Sie war immer so lustig, sagte die Frau. Mein Mann mochte sie. Er ist beim Tennis.

Es hatte keinen Sinn, weiterzufragen. Sie stand auf.

Danke für die Auskunft, sagte sie. Vielleicht komme ich an einem anderen Tag wieder. Wenn es Ihnen besser paßt.

Warum gehen Sie. Bleiben Sie doch sitzen, sagte die Frau vom Sessel her, als Bella in der Tür stand. Mit mir kann man doch reden. Ich bin nicht so.

Bella verließ das Haus. Sie war sicher, daß sie nicht noch einmal hierherkommen würde. Sie war nicht geschaffen für Einfamilienhäuser und Hausfrauenglück.

Es hat sich gelohnt.
Die Bentrupp legte die Fotos auf den Schreibtisch.
Hier.

Sie hielt dem Kollegen von der Kripo den Zettel mit den Adressen hin. Es war nicht der Kollege, von dem sie die Fotos bekommen hatte. Aber er saß an demselben Schreibtisch.

Was soll das sein?

Adressen. Das sind die Adressen von drei Wohnungen und dazu die Namen von Kerlen, die vermutlich in diesen Wohnungen Puffs betrieben haben. Alle am Hoffnungsberg. Ihr müßt wohl die Sitte informieren.

Ach ja?

Entschuldigung, sagte sie. Ich will mich nicht in eure Angelegenheiten mischen. Es war eigentlich eher zufällig, daß ich da rangekommen bin. Die Mädchen können da drin gewesen sein. In den Wohnungen, meine ich. Immerhin sind die alle jünger als sechzehn, oder?

Ist gut, Frau Bentrupp. Sie sind noch nicht lange wieder im Dienst, was? Aber wir kümmern uns.

Er nahm die Fotos in die Hand und sah darauf nieder.

Schlimm. Wissen Sie, wie viele Selbstmorde von Kindern jedes Jahr auf unseren Schreibtisch kommen? Drei am Hoffnungsberg. Klar, wir kümmern uns. Ich setz die Sache auf die Dringlichkeitsliste.

Er nahm einen Aktenordner von einem Stapel auf seinem Schreibtisch und begann zu lesen. Die Bentrupp blieb vor seinem Schreibtisch stehen. Er sah hoch.

Ist noch was?

Sie werden denen das Handwerk legen? Man muß dort bald hingehen, bevor sie weg sind. Immerhin waren es Kinder, mit denen sie ihre Geschäfte gemacht haben.

Klar, muß man. Machen wir. Machen wir alles.

Das Telefon auf dem Schreibtisch begann zu klingeln. Die Bentrupp wandte sich zum Gehen.

Nein, nicht schon wieder, hörte sie den Kollegen sagen, während sie die Tür hinter sich schloß.

Sie kannte den Ton noch, in dem die Kollegen von der Kripo redeten. Da hatte sich nichts geändert. Immer so, als wären sie kurz davor, unter ihrer Arbeit zusammenzubrechen. Aber sie war sicher, daß sie den Hinweisen nachgehen würden.

Sie hatte sich nicht getäuscht. Sie und Vogel nahmen ihren Dienst auf, und während sie Streife fuhren, beobachteten sie in regelmäßigen Abständen die Häuser, die Manuela genannt hatte. Nachmittags gegen fünfzehn Uhr tauchte die Kripo vor dem ersten Haus auf. Sie hatten zwischendurch ein paar Randalierer am Bahnhof zu beruhigen. Die Sache gestaltete sich komplizierter, weil einer von ihnen im Rollstuhl saß. Er führte sich besonders wild auf. Sie hätten ihn eigentlich festnehmen müssen. Statt dessen versuchten sie, ihn zu beruhigen und die anderen von ihm zu trennen. Das Ganze kostete eine Menge Zeit und noch mehr Nerven. Als sich die Lage einigermaßen beruhigt hatte und sie noch einmal eine Runde durch die Straßen fuhren, verließen die Kollegen von der Kripo gerade die letzte Wohnung.

Halt mal an.

Die Bentrupp ging über die Straße. Sie erreichte den Wagen, als der Fahrer Gas geben wollte. Sie klopfte an die Scheibe, und er hielt noch einmal an.

Was gefunden? Habt ihr die Kerle?

Ach, Mädchen, sagte der Kollege, der ihr die Fotos gegeben hatte, vom Rücksitz. Diesmal waren sie schneller als wir.

Aber irgendwann kriegen wir sie, darauf kannst du dich verlassen.

Na dann, sagte die Bentrupp.

Während sie zum Streifenwagen zurückging, verspürte sie ein Gefühl der Erleichterung. Auch wenn die Kollegen die Türken nicht festgenommen hatten. Es war ja der erste Versuch gewesen. Eines Tages würden sie sie kriegen, da war sie ganz sicher. Wo sollten sie schon hin. Endlich lief alles in den richtigen Bahnen.

Na, wie sieht es aus?

Vogel sah ihr gespannt entgegen.

Diesmal noch nicht. Aber es ist nur eine Frage der Zeit, bis sie die haben.

Anders als bei uns, sagte Vogel. Was glaubst du, was die Brüder von vorhin jetzt gerade machen? Ich sag's dir. Hast du den neuen Zug gesehen, den neuen U-Bahn-Zug? Sie sind gerade dabei, die Polster aufzuschlitzen. Sie schlitzen mit ihren verdammten Scheißmessern die verdammten neuen lila Polster auf.

Mann, beruhige dich. Woher weißt du das überhaupt?

Es kam grade über Funk. Wir sollen sofort zurück zum Bahnhof fahren.

Die Bentrupp sah auf die Uhr.

Wir haben Feierabend, sagte sie.

Ja. Vogel gab Gas. Klar haben wir Feierabend. Machen wir mit ihnen einen netten kleinen Plausch nach Feierabend. Die Kollegen von der nächsten Schicht haben bestimmt schon das Bier kalt gestellt.

Bella verließ den Supermarkt nach Feierabend allein. Rosi war offenbar früher gegangen; jedenfalls hatte sie sie nicht mehr gefunden. Sie nahm sich vor, später zu ihr hinaufzugehen, um ihr die Wahrheit zu sagen. Aber zuerst wollte sie Manuelas Mutter aufsuchen. Sie war nicht zur Arbeit gekommen. Als sie nachgefragt hatte, hatte der Schnösel gesagt, die habe sich nicht gemeldet, und er würde sie fristlos entlassen, wenn sie morgen nicht käme.

Bestellen Sie ihr das, wenn Sie sie treffen, schrie er durch den Laden. Er schrie immer. Schreien war die Quelle seiner Autorität.

Sie hatte die Kolleginnen gefragt. Keine wußte etwas. Keine war bereit gewesen mitzukommen.

Mein Mann wartet, die Kinder warten, ich muß noch kochen, wir haben Besuch, wir kriegen Besuch, und ich muß noch kochen.

Das hätte sie sich eigentlich denken können. Rosi hatte sie nicht gefragt. Sie war schon weg gewesen.

Manuelas Mutter war nicht allein. Sie saß mit einem Mann am Küchentisch und war damit beschäftigt, ein kleines Kind zu füttern. Sie trug einen schwarzen Rock, eine schwarze Bluse und schwarze Strümpfe. Sie sah erbärmlich schlecht aus. Auf Bellas Erscheinen – der Mann hatte die Wohnungstür geöffnet und sie in die Küche geführt – reagierte sie apathisch.

Ich komme wegen Manuela, sagte Bella, nachdem sie ein paar Worte zum Tod von Marcel gesagt hatte, auf die die Frau kaum reagierte.

Da hast du's, sagte der Mann. Jetzt ist es soweit. Erst treibt sie sich wer weiß wo rum, kommt nachts nicht nach Hause, und nun...

Bella sah ihn an, und er hielt den Mund.

Manuela ist in Ordnung, sagte sie und sah die Frau an. Es ging ihr nicht gut. Ich hab sie in die Wohnung meiner Mutter gebracht. Ich dachte, Sie hätten im Augenblick mit anderen Dingen den Kopf voll.

Die Frau versuchte ein dankbares Lächeln. Es gelang ihr nicht.

Kennen Sie diese Namen?

Bella legte den Zettel mit den drei Namen auf den Tisch. Oder einen davon?

Die Frau sah einen Augenblick auf den Zettel. Sie schüttelte den Kopf. Dann nahm der Mann den Zettel in die Hand.

Klar, Kanaken. Kenn ich nicht. Wer kennt schon so was.

Würden Sie mir den Zettel geben, sagte Bella.

Der Mann legte den Zettel auf den Tisch zurück, und sie steckte ihn ein.

Schade, sagte sie und sah die Frau an. Ich hatte gedacht, Sie könnten mir helfen. Solange wir diese Männer nicht finden, ist Manuela nicht sicher. Sie wird im Laufe des Abends nach Hause kommen. Sehen Sie zu, daß sie in der nächsten Zeit abends nicht rausgeht.

Die? Wie sollen wir die wohl abends zu Hause halten?! Annageln, oder was?

Die Frau sah zu dem Mann hinüber. Ihr Gesichtsausdruck war gequält.

Ist gut, sagte sie. Danke, daß Sie hier waren. Er kommt morgen in den Betrieb, um meine Papiere zu holen. Er hilft mir jetzt. Ich...

Sie sprach nicht weiter und fütterte wieder das Kind. Bella erhob sich und verließ die Wohnung. Der Mann begleitete sie nicht hinaus.

Langsam ging sie nach Hause. Die Abendluft war weich. Einige Familien waren zum Abendessen auf den Balkon gezogen. Sie hatten den Ton ihrer Fernsehgeräte lauter gestellt, damit sie trotzdem die Abendnachrichten hören konnten.

Wahrscheinlich fehlt ihnen eine Art Gewürz beim Essen, wenn sie nicht gleichzeitig darüber informiert werden, wie lang die Staus auf der Autobahn sind, wie viele Menschen sich mit Aids infiziert haben und welches der fünf neuen Bundesländer die höchste Arbeitslosenquote hat, dachte Bella.

Als sie die Treppe zu ihrer Wohnung emporstieg, hörte sie, daß an ihrer Wohnungstür geklingelt wurde. Vor der Tür traf sie auf Rosi. Sie hielt eine Tüte in der Hand. Die Tüte war ziemlich ramponiert, aber sie kam Bella trotzdem bekannt vor.

Hier, sagte sie. Haben Sie wohl vergessen.

Bella nahm die Tüte entgegen und sah hinein. Der Fön.

Bitte, Rosi, komm einen Augenblick herein. Ich erklär dir, was los ist.

Rosi zögerte, aber ihre Neugier siegte.

Komm, setz dich. Ich mach uns einen Kaffee. Du wolltest nicht mit mir zusammen nach Hause gehen, stimmt's?

Rosi nickte und lachte.

Wenn sie lacht, sieht sie ein bißchen hinterhältig aus, dachte Bella, nur ein kleines bißchen, aber immerhin.

Der Kaffee ist gleich fertig, sagte sie.

Rosi setzte sich an den Tisch. Bella begann, ihre Anwesenheit in dem Laden und am Hoffnungsberg zu erklären. Sie hatte das Gefühl, sie müsse sich rechtfertigen. Entsprechend kompliziert fielen ihre Erklärungen aus.

Du willst sagen, die Türken haben hier Mädchen verscheuert, und die Bullen stecken mit drin?

Bella war sich nicht bewußt, etwas in dieser Art gesagt zu haben. Rosi hatte trotzdem das Wesentliche erkannt.

Kann schon sein.

Mann, das is'n Ding. Und was hast du damit zu tun?

Ja, dachte Bella, das frage ich mich auch.

Ich war selbst mal Polizistin. Und dann so was wie Privatdetektivin. Ich bin eigentlich nur so reingerutscht in die Geschichte. Eine Kollegin, eine ehemalige Kollegin, kam zu mir und bat mich um Hilfe.

Du arbeitest mit der Polizei zusammen? Schon Mist.

Ich arbeite nicht mit der Polizei zusammen. Sie hat mit mir geredet. Das ist etwas anderes.

Egal. Auf Bullen hab ich keinen Bock.

Ich auch nicht. Das kannst du mir glauben.

Rosi stand auf. Bella ebenfalls. Das Gespräch verlief nicht so, wie sie es sich gewünscht hätte.

Warte einen Augenblick, bevor du gehst. Ich möchte dich etwas fragen, Rosi.

Rosi blieb stehen und sah sie an, sagte aber nichts.

Sieh mal, es könnte doch sein, daß du einen der Türken mal zufällig auf der Treppe gesehen hast. Auch neben den anderen Wohnungen haben Leute gewohnt. Die Türken hatten bestimmte Gewohnheiten, Lokale, du weißt schon. Ich dachte, wenn...

Rosi schüttelte langsam und nachdrücklich den Kopf und verließ die Küche. Bella ging hinter ihr her.

Rosi, die Polizei hat die Adressen der Wohnungen. Sie werden hingehen. Vielleicht waren sie schon dort. Sie werden nichts finden. Sie kennen die Mädchen nicht, die da mitgemacht haben. Sie kennen nur Manuela. Das wissen die Brüder doch. Die werden versuchen, Manuela unter Druck zu setzen. Meinst du nicht, es wäre besser, wir würden versuchen, die Türken zu finden, bevor etwas passiert?

Und wie soll das gehen?

Manuela wird uns eine Beschreibung geben. Vielleicht merkst du daran, daß du sie kennst, oder wenigstens einen von ihnen. Wir werden die Augen offenhalten. Wir werden die Kolleginnen bitten, uns zu unterstützen.

Die? Wenn ich schon nicht mitmache?

Bella wußte, daß Rosi recht hatte. Und plötzlich wußte sie auch, daß Schluß war. Die Geschichte war zu Ende. Der Rest war für die Polizei. Sie hatte hier nichts mehr verloren. Manuela war vielleicht in Gefahr. Aber über die Art dieser Gefahr konnte man durchaus unterschiedlicher Meinung sein. Was war bedrohlicher: die Türken oder das Leben, das sie zu Hause erwartete? Was würde sich ändern, wenn man die Türken fand? Sie würde eine andere Möglichkeit suchen, von zu Hause wegzukommen. Wer wollte sie dafür richten?

Rosi ging zur Tür. Bella folgte ihr, um sie hinauszulassen.

Bemüh dich nicht, Frau Block. Der Beier wird sich freuen. Noch eine weniger.

Beier, dachte Bella, wer ist Beier?

Dann war Rosi weg. Bella ging zurück in die Küche. Auf dem Tisch lag der Fön. Sie würde ihn an die Bentrupp schikken. Sie ging ins Wohnzimmer und begann, ihre Sachen zu packen. Sie stellte alles zusammen in die Mitte des Wohnzimmers, nahm die Tüte mit dem Fön und verließ die Wohnung. In der Wohnung über ihr lief ein Western.

Aus der Telefonzelle rief sie ihre Mutter an. Manuela war gegangen.

Sie hätte noch bleiben können, sagte Olga. Eigentlich war sie ganz nett. Sie hat sich richtig bedankt am Schluß. Aber nachdem sie telefoniert hatte, wollte sie unbedingt weg. Ich konnte sie nicht länger halten.

Sie hat telefoniert?

Ja. Sollte ich ihr das verbieten?

Mit wem, verflixt noch mal, mit wem hat sie telefoniert?

Also, ehrlich gesagt, mein Kind, du kannst schlecht von mir verlangen, daß ich zuhöre, wenn meine Gäste ihre Privatgespräche erledigen.

Mutter, du hast doch gesehen, was mit ihr los war.

Ein bißchen hab ich ja auch zugehört. Aber ich weiß nicht...

Wo wollte sie hin?

Heute abend, Resi-Bar, nach elf.

Olgas Stimme war mürrisch. Aber Bella spürte wohl, daß der gereizte Ton nicht ihr galt. Er galt der Tatsache, daß es ihr nicht gelungen war, das Mädchen zurückzuhalten.

Ist schon in Ordnung, Mutter, danke, bis Dienstag, sagte Bella und legte auf.

Sie überlegte, suchte und fand noch drei Groschen in ihren Jackentaschen und rief Willy an.

Hallo, Willy, sagte sie, würden Sie morgen früh ein paar Brötchen mitbringen? Ich komme zurück.

Wir werden uns einen anderen Keller suchen müssen. Die beiden großen Jungen liefen nebeneinander die Kellertreppe hinunter und bogen in einen der Gänge ein. Rechts und links lagen Keller, die mit Lattentüren zugesperrt waren. Einige Türen waren von innen mit Holz oder Pappe vernagelt worden, so daß man nicht in die Keller hineinsehen konnte. Andere standen offen, aufgebrochen oder gar nicht erst abgeschlossen.

Schimmelnde Kühlschränke, leere Flaschen, einzeln oder in Containern, Zeitungen und Pappkartons lagen auf dem Gang. Es stank nach gebrauchten Matratzen.

Wieso das? Ist doch wunderbar hier.

Nuri hüpfte mit geschlossenen Füßen über einen Kühlschrank und dann über eine Kiste.

Der Hausmeister macht Zicken. Sie haben ihm eins reingewürgt, von wegen er läßt den Keller verdrecken. Jetzt hat er Schiß vor Kontrolle.

Weißt du schon, wo wir hin können?

Nee, keine Ahnung, ich red noch mal mit ihm.

Sie hatten ihren Keller erreicht, und Nuri schloß die Tür auf. Auch diese Tür war von innen vernagelt worden. Sie hatten, bevor sie gegangen waren, das Kellerfenster fest verschlossen. Der Geruch im Keller war atemberaubend. Die Jungen setzten sich nebeneinander auf einen Stapel Matratzen und begannen zu rauchen.

Sollen wir für Marcel einen anderen nehmen?

Ich glaube nicht. Sind sowieso schon zu viele. Zu viele Leute sind nicht gut.

Da kommt einer.

Nuri stand auf und schlich an die Kellertür. Vorsichtig sah er durch einen Spalt. Manuela kam den Gang entlang. Er war so verblüfft, daß er einfach beiseite trat, als sie die Tür aufdrückte.

Was willst du hier?

Gib mir 'ne Zigarette, sagte Manuela zu dem Jungen auf den Matratzen. Er gab ihr eine Schachtel mit Filterzigaretten, die sie abschätzig musterte.

Kastrierte. Habt ihr nichts anderes?

Als ihr niemand antwortete, nahm sie eine Zigarette aus der

Schachtel, brach den Filter ab und steckte sie mit einem Feuerzeug an, das sie aus der Hosentasche holte.

O Gott, wie das hier stinkt, sagte sie. Ich bleibe heute nacht hier drin.

Die Jungen sahen einander an. Wenn Marcel ihr von dem Keller erzählt hatte, was hatten dann die anderen zu Hause erzählt? Sie würden doch umziehen müssen.

Besprechen wir unter uns, sagte der Blick, mit dem die Jungen sich verständigten.

Meinetwegen bleib hier. Ich hätte auch keine Lust auf das Gejammer.

Manuela verstand, daß er den Tod von Marcel meinte. Sie widersprach nicht.

Die Kinder kamen und lieferten ihre Beute ab. Manuela hockte auf einer Kiste neben dem Tannenbaumgerippe. Weil die großen Jungen sie nicht beachteten, taten auch die Kleinen so, als sei alles wie immer. Sie waren enttäuscht, daß diesmal das anschließende Essen ausfiel. Aber sie sahen ein, daß der Hausmeister zu wichtig war, als daß man ihn verärgern durfte. Also verschwanden sie ohne Widerspruch.

Es ist nicht wegen Marcel, sagte der andere Junge, als der letzte gegangen war. Sie versteckt sich hier. Ich hab sie beobachtet. Jedes Mal, wenn einer gekommen ist, hat sie komisch geglotzt.

Bist du blöde? Meine Mutter hat ihren Macker da. Ich hab einfach keinen Bock auf den.

Laß sie in Ruhe, sagte Nuri. Hier.

Er warf ihr einen Schlüssel zu.

Morgen abend mußt du hier raus sein. Da werden die Sachen abgeholt. Wir schließen jetzt ab. Wenn du gehst, mach hinter dir die Tür zu. Du kannst von den Eßsachen nehmen.

Manuela antwortete nicht. Die beiden verließen den Keller und schlossen die Tür ab.

Und ich sag dir, die versteckt sich, sagte der Junge, als sie außer Hörweite waren.

Klar, sagte Nuri, glaubst du, ich bin blind?

Manuela hörte sie miteinander sprechen, aber sie verstand nichts. Sie öffnete das Kellerfenster, blieb dort stehen und versuchte, nach draußen zu sehen. In dem Schacht vor dem Fenster hatten sich Staub und Müll angesammelt. Sie sah Apfelsinenschalen und Zeitungspapier, das aussah, als hätte sich jemand den Hintern damit abgewischt, also schloß sie das Fenster wieder. Sie setzte sich in eine Ecke, rauchte und dachte an nichts. Als sie hörte, daß die Kellertür aufgeschlossen wurde, und schließlich Jem sah, war sie nicht überrascht.

Es war kurz nach elf, als Bella die Resi-Bar erreichte. Sie lag in einer kleinen Nebenstraße der Reeperbahn. Der allgemeine Modernisierungstrend, der ausgebrochen war, als die Freier wegen der Aidsgefahr eine Weile zurückhaltender geworden waren, und dessen Ergebnisse inzwischen sowohl abgehalfterten Uni-Direktoren als auch bejahrten Schmierenkomödianten ein einträgliches Einkommen garantierten, war an ihr vorübergegangen. Die Einrichtung stammte aus den fünfziger Jahren; die Pornofilme, die auf einer kleinen Leinwand über dem Tresen zu sehen waren, hatten eine ungewöhnlich einfache, direkte Art. Der Wirt wäre sicher mit seinem Lokal alt geworden, wenn ihn nicht ein früher Lebertod ereilt hätte. Seine Witwe hielt den Laden in Gang.

Bella stellte sich in den Gang zwischen Tresen und Toilette. Dort war es so dunkel, daß sie damit rechnen konnte, nicht gleich gesehen zu werden, wenn Manuela und Jem hereinkamen. Sie bestellte ein Bier und sah der Wirtin beim Einschenken zu. Die Frau war zwischen sechzig und achtzig. Irgendwann mußte sie einen so plötzlichen Abmagerungsschock erlitten haben, daß die Haut über den ehemals dicken Oberarmen sich nicht schnell genug wieder zusammengezogen hatte. Längliche Hautsäcke hingen aus den kurzen Ärmeln ihres Kleides. Sie stand nicht, während sie das Bier einschenkte, sondern saß auf einem durch ein rosa Kissen erhöhten Hocker. Das rechte Bein hatte sie auf einen Schemel gelegt. Den rechten Fuß bedeckte ein ausgefranster karierter Hausschuh.

Die Wirtin sprach nicht, als Bella ihre Bestellung aufgab. Sie sprach auch nicht, als sie ihr das gefüllte Bierglas über den Tisch schob.

Die Bar war leer bis auf einen älteren Mann, der neben der Tür am Spielautomaten stand. Das Rasseln und Klingeln des Automaten und das laute Beischlafgestöhn aus dem Pornofilm, das durch die offene Tür bis auf die Straße drang und hin und wieder ein neugieriges Touristenpärchen in die Tür sehen ließ, waren die einzigen Geräusche, die die Stille belebten.

Bella hatte das zweite Bier bestellt, als Manuela in der Tür erschien. Sie war nicht allein. Hinter ihr betrat ein junger Mann die Bar. Er ging so dicht hinter ihr, daß es aussah, als schiebe er Manuela vor sich her. Beide verschwanden in einer der Nischen. Der junge Mann kam gleich darauf an den Tresen. Er bestellte Cola mit Rum, sagte, er ginge telefonieren, und drängte sich an Bella vorbei. Etwa zwei Meter hinter ihr hing ein Telefon an der Wand. Er wählte und wartete, sprach ein paar türkische Worte, die sie nicht verstand, und legte wieder auf. Als er an ihr vorbei und mit einem großen Glas Rum, in das die Witwe etwas Cola geschüttet hatte, zurück in die Nische ging, nahm Bella ihr Bierglas und folgte ihm. Sie setzte sich in die Nachbarnische, lehnte ihren Rücken an die dunkelbraune Holzwand und versuchte zu verstehen, was auf der anderen Seite gesprochen wurde. Sie verstand nicht alle Einzelheiten des Gesprächs, weil der Mann, den Manuela Jem nannte, sehr leise sprach. Trotzdem klang seine Stimme drohend. Bella wurde schnell klar, weshalb.

Manuela versuchte, Jem ihre Dienste anzubieten. Offenbar hatte sie beschlossen, nicht mehr nach Hause zu gehen, sondern Geld zu verdienen. Bella war sicher, daß Jem sie für sich arbeiten lassen würde. Aber zuerst mußte sie eingeschüchtert werden. Deshalb stimmte er nicht gleich zu, hielt ihr ihr Alter vor und sprach davon, daß sie ein Risiko sei. Dann brachte Manuela die toten Mädchen ins Gespräch. Jem wurde lauter. Manuela benutzte die Mädchen geschickt, um ihn zu erpressen. Offenbar hatten alle drei hin und wieder für die Türken gearbeitet und deshalb Probleme bekommen; mit sich, mit der Schule, mit den Eltern oder mit wem auch immer – Probleme, die sie nur dadurch hatten lösen können, daß sie sich selbst töteten. Jem stritt jeden Zusammenhang zwischen dem Tod der Mädchen und ihrer Arbeit für seine wohltätigen Einrichtungen ab. Er begann, mißtrauisch und brutal, Manuela danach zu fragen, was sie bei der Polizei gesagt habe. Bella stand auf, verließ ihre Nische und lehnte sich an die Holzwand der Nachbarnische. Es dauerte einen Augenblick, bis Manuela sie sah.

Halt deine Schnauze, sagte Jem gerade. Du bist zu jung.
Jem...
Manuelas Stimme klang aufgeregt.
Schnauze. Ich muß nachdenken.
Jem. Da...

Manuela wies mit dem Kopf auf Bella. Jem sah in ihre Richtung.

Das ist die, die mich gefunden hat.

Hallo, Manuela, sagte Bella. Ich möchte mit dir reden.

Aber ich nicht mit Ihnen, sagte Manuela.

Ihr Glas war beinahe leer. Ihre Augen waren groß und glänzend. Sie sah hübsch aus, älter als dreizehn, und schon bald würde sie sehr viel älter aussehen.

Verpiß dich, du siehst doch: Sie will nicht, sagte Jem.

Er grinste und schien sich sehr wohl zu fühlen.

Manuela, sei vernünftig. Komm einen Augenblick mit.

Sie ist erst dreizehn, sagte sie zu Jem gewandt. Du dürftest tatsächlich Probleme ihretwegen bekommen.

Das geht dich doch einen Scheißdreck an. Oder willst du sie noch mal entführen, hä? Gefällt sie dir vielleicht?

Bella sah auf Jem hinunter. Sie überlegte, ob sie ihn oder das Mädchen aus der Bank ziehen sollte.

Bringst du mich nach Hause, Jem, sagte Manuela plötzlich.

Bella sah sie überrascht an.

Na klar, sagte Jem, zu Mami. Ich bring dich zu deiner Mami.

Sehen Sie nicht, daß Sie den Gang versperren, sagte jemand neben Bella.

Sie wandte sich um. Zwei ältere Männer hatten die Bar betreten. Sie standen rechts und links neben ihr.

Der Junge will seine Freundin nach Hause bringen, sagte der, der links von ihr stand, und schob sie beiseite. Bella trat nach ihm. Es gab eine kleine Rangelei, die Jem und Manuela nutzten, um die Nische zu verlassen. Die beiden Männer hielten Bella fest, während sie aus der Bar rannten. Es gelang ihr, sich zu befreien, aber als sie auf der Straße stand, waren Jem und Manuela verschwunden. Hinter ihr kreischte die Witwe, sie solle ihr Bier bezahlen.

Und wer zahlt jetzt die Cola-Rum, hörte sie noch, als sie schon ein paar Häuserblocks weitergegangen war.

Als der Briefträger an der Tür läutete, war die Bentrupp schon wach. Sie nahm ihm das Päckchen ab und sah auf den Absender. Die Block. Sie war neugierig, aber sie zog sich erst fertig an und deckte den Frühstückstisch, bevor sie das Päckchen öffnete. Ein in Packpapier gehülltes Etwas, darauf mit der Hand geschrieben: Das hier ist ein Fön. Ich hab ihn verpackt. Es könnten Fingerabdrücke drauf sein. Wenn Sie die Abdrücke in der Fahndungskartei nicht finden, sollten Sie in der Personalkartei nachsehen. Ich vermute, ich werde aus den Zeitungen erfahren, wie die Sache ausgegangen ist.
B. Block.
PS: Ich bin wieder zu Hause.

Die Bentrupp starrte das Päckchen an. Sie stand auf, schaltete die Kaffeemaschine ab, stellte das Geschirr in die Spüle und setzte sich wieder an den Tisch. Das Päckchen lag immer noch da. Es war klar, was der Brief bedeutete. Nichts weiter, als daß sie ihre Kollegen ans Messer liefern sollte.

Sie würde das Ding wegwerfen.

Ich vermute, ich werde aus den Zeitungen erfahren, wie die Sache ausgegangen ist.

Es war auch klar, was dieser Satz zu bedeuten hatte. Die war sich ihrer Sache sicher. Es war nicht möglich, diesen Fön wegzuwerfen. Die Block war nicht auf den Kopf gefallen. Wenn sich nichts tat, würde sie selbst aktiv werden. Die hatte sich abgesichert. Und sie liebte die Polizei nicht.

Mit Vergnügen würde die uns eins auswischen, dachte die Bentrupp.

Sie dachte *uns* und begriff nicht, daß sie sich damit sowohl als Frau mit den Interessen von Männern als auch als Unschuldige mit den Interessen von Schuldigen identifizierte. Das erste ist allgemein üblich, das zweite war ihrer besonderen Situation als Angehörige einer festen Gruppe zu danken.

Kranz. Mit ihm würde sie zuerst darüber reden. Er hatte ihr die ganze Sache eingebrockt. Wenn er ihr nicht den Tip gegeben hätte, die Block aufzusuchen, wäre die in der Geschichte überhaupt nicht aufgetaucht. Sollte er ihr raten, was jetzt zu tun war.

Auf dem Weg ins Präsidium dachte die Bentrupp darüber nach, weshalb sie eigentlich zu Beginn ihres Dienstes so aufgeregt gewesen war, daß sie geglaubt hatte, sie müsse den Kollegen von der Kripo unbedingt ins Handwerk pfuschen. Sie wußte es nicht mehr, und es gelang ihr auch nach intensivem Nachdenken nicht, es herauszufinden.

Dann saß sie im Zimmer von Kranz und wartete.

Es kann nicht mehr lange dauern, sagte die Sekretärin. Sie tagen schon seit sieben.

Kranz kam. Er sah aus, als habe er nicht geschlafen.

Ist irgendwas Besonderes los, fragte die Bentrupp, als sie ihn sah.

Nein. Nur das Übliche. Verständigung über ein paar Grundsatzfragen. Wie geht es Ihnen? Was bringen Sie da?

Kranz lächelte das Psychologenlächeln: *Ich-bin-bereit-deine-Ängste-ernst-zu-nehmen*. In Gedanken war er noch mit dem beschäftigt, was er eben gehört hatte.

Die Sache mit der Zweidrittelgesellschaft war natürlich bekannt. Aber der Zynismus, mit dem der Innenminister eine

Strategie verlangt hatte, deren oberstes Ziel darin bestehen sollte, die Existenz des unteren Drittels so wenig wie möglich im öffentlichen Bewußtsein in Erscheinung treten zu lassen, hatte ihn doch überrascht.

Sind Sie denn sicher, daß auf diesem Ding Fingerabdrücke von Kollegen sind, fragte er, als die Bentrupp ihre Geschichte erzählt hatte.

Die zog die Schultern hoch und schwieg. Sie war nicht sicher, aber es mußte einen Grund dafür geben, daß die Block sicher war.

Lassen Sie das Ding hier, sagte Kranz. Ich gebe es weiter, wenn es nötig wird. Vorher rede ich noch mal mit ihr.

Die Bentrupp stand auf. Sie war froh, die Sache los zu sein. Kranz begleitete sie zur Tür, ging zurück an seinen Schreibtisch und sah auf das Päckchen nieder.

Sein Chef hatte eingewendet – sie diskutierten immer sehr offen, niemand brauchte ein Blatt vor den Mund zu nehmen –, daß eine solche Strategie zwar möglich sei, daß sie aber erstens auf keinen Fall von der Innenbehörde allein getragen werden könne und zweitens auch nur für einen begrenzten Zeitraum Wirkung erzielen werde.

Das ist mir, ehrlich gesagt, egal, wenn sie nur so lange wirkt, wie ich im Amt bin, hatte der Minister geantwortet. Und was die übrigen Ressorts betrifft – es gibt sicher ein gemeinsames Interesse an manchen Fragen; parteiübergreifend im übrigen.

Zufällig hatten die Sozialdemokraten dieses Mal mit absoluter Mehrheit die Wahlen gewonnen. Es war allgemein bekannt, daß sich ein Drittel der Bevölkerung überhaupt nicht mehr an der Wahl beteiligte. Die Unverschämtheit, mit der der Bürgermeister in der Öffentlichkeit behauptete, das Wahlergebnis sei seiner Person und seiner großartigen Politik für die Menschen dieser Stadt zu verdanken, war das vielleicht schon Teil der neuen Strategie?

War es möglich, daß ein paar Streifenpolizisten, anstatt den Betrieb illegaler Bordelle zu melden, hin und wieder selbst dort gelandet waren? Natürlich war es möglich. Und besonders unangenehm, weil dort offenbar Mädchen unter sechzehn angeboten worden waren.

Hoffnungsberg – wenn die Sache an die Öffentlichkeit kam, konnte sie Dimensionen annehmen, die der zu entwickelnden Strategie direkt entgegenstanden. Haufenweise Reporter. Fotos in den Zeitungen, die hilflosen Aussagen der Eltern und Nachbarn; Lehrer, die die mangelhafte Ausstattung der Schulen beklagten. Anderserseits hatte er keine Lust, die Männer zu decken. Er mißbilligte ihr Verhalten. Und er wußte, was die Block erwartete. Er würde mit ihr sprechen müssen. Aber vorher – er setzte sich und griff zum Telefon.

Geben Sie mir den Chef, bitte, sagte er.

Seine Sekretärin beeilte sich, die Verbindung herzustellen.

Seite fünf, sagte Willy, während sie das Frühstück auf den Tisch neben dem Sessel stellte. Ich find's ein bißchen dürftig.

Bella nahm die Zeitung auf. Willy goß Kaffee ein. Der Artikel war nicht lang und nicht informativ:

SCHLIMMER VERDACHT
Vor einigen Wochen schloß die Kripo am Stadtrand ein paar illegale Bordelle. Sie sollen von Ausländern, vermutlich Türken, betrieben worden sein, die bisher nicht gefaßt werden konnten. Bei ihren Nachforschungen ist die Kripo

auf Spuren gestoßen, die darauf hinweisen könnten, daß sich in einem dieser Bordelle auch das Besatzungsmitglied eines Streifenwagens aufgehalten haben könnte, ohne dort dienstlich tätig geworden zu sein. Der Mann, dessen Name bei der Pressekonferenz nicht bekanntgegeben wurde, ist bis zur Klärung der Vorwürfe vorläufig vom Dienst befreit worden. Gegen den Familienvater wird ermittelt.

Bella legte die Zeitung beiseite.

Es waren aber zwei, sagte Willy. Das weiß ich ganz genau.

Ich vermute, es waren noch mehr, antwortete Bella. Möchten Sie, daß wir der Sache weiter nachgehen?

Willy ließ sich Zeit mit der Antwort. Das Telefon klingelte, und Bella angelte nach dem Hörer. Es war Kranz.

Sie werden die Zeitung gelesen haben. Ist es Ihnen recht, wenn wir uns treffen und noch einmal über die Angelegenheit reden?

Bella war versucht, nein zu sagen, sah Willy an und sagte ja. Sie verabredete sich mit Kranz zum Essen in der Innenstadt.

Gleich darauf rief Olga an. Ihre Stimme klang anders als sonst. Bella versuchte herauszubekommen, was geschehen war. Olga behauptete, es sei alles in Ordnung. Bella möge nur, wenn sie Zeit habe, bei Block nachsehen. Sie nannte eine Seite und sagte, sie überlege, weshalb sie diese Verse bisher übersehen habe. Dann legte sie auf. Bella wartete, bis Willy gegangen war. Sie suchte das Buch hervor und las:

Unser Schicksal erschien uns im Schleier
Des verglühenden Tages nicht mehr fremd...
Vor uns webte die Sonne aus Feuer
Groß ein strahlendes Sterbehemd.

Nicht der Wahnsinn des rasenden Drachen,
Nicht der lodernde Höllenvulkan –
Uns verschlangen die Fluten der Zeiten,
Unser Anteil war abgetan.

Da Olga eigentlich nicht zu melodramatischen Ausbrüchen neigte und Bella auch über den ungewohnt stillen Ton in der Stimme ihrer Mutter erstaunt war, versuchte sie, Olga anzurufen. Sie war nicht da.

Mittags fuhr sie mit dem Wagen zur nächstgelegenen S-Bahnstation und dann weiter mit der Bahn in die Stadt. Mit dem Auto hätte sie die doppelte Zeit gebraucht. Am Rand des Rathausmarktes traf sie auf einen Menschenauflauf. Sie blieb stehen und sah in der Mitte der Menge einen jungen Mann in Turnhosen, der die Augen abwechselnd auf den Himmel und auf die Umstehenden richtete. Sah er nach oben, rief er OH, sah er die Leute an, rief er AH. Er wiederholte die Sache ein paarmal und forderte dann die Umstehenden auf, es ihm gleichzutun. Neben sich auf dem Boden hatte er einen Blechteller stehen. Bella ging weiter. In ihrem Rücken hörte sie beginnendes Oh- und Ah-Gestöhn. Hundert Meter weiter spielte eine niederländische Band einen Blues, begleitet von jenem rhythmischen Klatschen, das nur die Deutschen zustande bringen. Bella sah die verzweifelten Blicke, die die Musiker einander zuwarfen, und ging schnell vorbei. Auf die Bürgersteige und das Pflaster der Fußgängerzone hatte jemand mit einer Schablone mehrmals hintereinander die Worte DIE JAGD IST ERÖFFNET gepinselt. Die Schrift war eilig in roter Farbe aufgestrichen worden. Sie war an den Rändern verlaufen, als läge da schon das Blut der Gejagten.

Kranz erwartete Bella an einem Stehtischchen im Hanseviertel. Er stand da, wo die, die vor siebzig Jahren zum Stehkragen-Proletariat gehört hätten, in der Mittagspause ihren Hummer verzehrten. Sie gingen weiter, auch weil das Schmatzen, Schlürfen und Grölen ein ruhiges Gespräch nicht zuließen. Es war nicht leicht, um die Mittagszeit in der Innenstadt eine Bar zu finden, die nicht von Ladenschwengeln und Heringsbändigern der neuen Generation und ihren Freundinnen besetzt war. Schließlich fanden sie ein chinesisches Restaurant, das offenbar gerade *out* war. Sie saßen einander gegenüber.

Bella fühlte keine Veranlassung, das Gespräch zu beginnen. Kranz fiel die Eröffnung zu.

Er eröffnete mit: Sie sehen wirklich gut aus, viel besser als damals, als wir uns zum letzten Mal gesehen haben.

Er fühlte sich unsicher.

Bella konterte mit: Ich hätte Sie für intelligenter gehalten, weil sie Männer, die in Gesprächen mit Frauen sachliche und unsachliche Dinge nicht auseinanderhalten konnten, für dumm hielt. Damit waren die Fronten klar.

Wir haben Fingerabdrücke auf dem Fön gefunden, die von einem unserer Männer aus dem Revier stammen, sagte Kranz. Wir haben ihn uns vorgenommen. Ich war nicht dabei. Es soll eine ziemlich jämmerliche Vorstellung gewesen sein. Schließlich hat er nicht nur zugegeben, hin und wieder die Dienste der Türken...

Der Türken?

...der Mädchen in Anspruch genommen zu haben.

Umsonst, natürlich, dafür hat er ein Auge zugedrückt, warf Bella ein.

Er hat auch noch zwei andere Kollegen belastet. Die beiden sind bisher nicht geständig. Falls es zum Prozeß kommt...

Falls?

Wir haben ein paar Probleme. Der Kollege behauptet, die toten Mädchen nie dort gesehen zu haben. Das Gegenteil ist ihm nicht nachzuweisen. In Wirklichkeit wissen wir natürlich auch nicht, ob sie mit der Geschichte etwas zu tun gehabt haben. Wir brauchen die Türken. Aber die sind verschwunden. Wir haben nicht einmal ihre vollständigen Namen. Gerade die Vornamen sind uns bekannt. Aber das wissen Sie ja selbst. Natürlich werden sie gesucht. Aber es kann eine ganze Weile dauern, bis wir sie finden. Von den Nachbarn sagt niemand was. Niemand will etwas bemerkt haben. Als ob sie Vorteile davon hätten, daß sie die Kerle decken. Irgendwo müssen natürlich auch die Mädchen stecken. Nur wo? Wir haben ein paar Beamtinnen in die Schule geschickt. Die haben der versammelten Lehrerschaft die Sache dargestellt und gefragt, ob man Mädchen nennen könnte, die zu befragen sich lohne. Sie haben unsere Leute vor die Tür geschickt, sich eine halbe Stunde beraten und ihnen dann mitgeteilt, sie hätten die Vor- und Nachteile erwogen, und sie könnten es nicht verantworten, irgendeine von ihren Schülerinnen einem Verhör über so heikle Dinge auszusetzen. Wir haben nichts Konkretes. Das ist das Problem. Nein, ich muß mich verbessern. Wir haben eine Zeugin. Eine alte Dame, die nachts öfter Polizisten in einem Hauseingang gesehen hat. Wir haben sie vorgeladen, damit sie die Männer identifiziert. Sie hätte eine Hundertschaft wiedererkannt, wenn wir sie gelassen hätten.

Und das Mädchen? Manuela?

Kranz sah einen kurzen Augenblick so aus, als versuche er sich zu erinnern, wer Manuela war.

Die – ja, die haben wir gefunden. Da hat uns ihr Klassenlehrer dann noch einen Tip gegeben. Sie ist nicht mehr in die

Schule gekommen. Die Mutter wußte nicht, wo sie sich aufhielt. Wir hatten sie im Präsidium. Der Kollege kannte sie nicht. Sie kannte ihn nicht. Sie hat uns erzählt, sie sei nur einmal in der Wohnung gewesen. Und da sei sie so betrunken gewesen, daß sie nichts mitbekommen habe. Wir haben sie dann zu Hause abgeliefert. Ich bin sicher, sie hat hinter der Gardine gestanden, gewartet, bis wir weg waren, und ist wieder abgehauen. Ich vermute, sie steht in der Nähe des Hauptbahnhofs. Sie wissen doch, wie das geht. Bis sie alt genug geworden ist, wird sie noch ein paarmal aufgegriffen werden. Falls sie überhaupt achtzehn wird. Und dann...

Frau Bentrupp wird Ihnen gesagt haben, daß ich mich eine Weile am Hoffnungsberg aufgehalten habe. Es hat ein paar Polizisten gegeben, denen das nicht gefiel. Sie waren nachts in meiner Wohnung. Eine Freundin von mir ist niedergeschlagen worden, damit sie ungesehen verschwinden konnten.

Kranz sah Bella aufmerksam an. Damit hatte er nicht gerechnet.

Und? sagte er. Hat sie jemanden erkannt? Kann sie Beschreibungen liefern?

Bella schüttelte den Kopf. Ihr fiel der Streifenwagen ein, der sie und Willy angehalten hatte. Sie hatte weder das Gesicht des Polizisten genau gesehen, noch die Nummer des Wagens. Sie sagte nichts. Auch Kranz schwieg. Lange. Auch später, als sie Willy von ihrem Gespräch mit Kranz erzählte, wußte sie nicht, was ihn bewogen hatte, das Gespräch noch einmal aufzunehmen.

Ich weiß, was Sie denken, sagte Kranz schließlich. Ich will offen sein. Er sprach leise und sah dabei auf die Tischplatte. Die ganze Sache wird so niedrig gekocht wie möglich, ohne die Anstandsgrenzen zu unterschreiten. Unsere Politiker sind damit beschäftigt, das untere Drittel festzutreten. Und diese Geschichte ist dabei hinderlich. Ich helfe ihnen. Das ist mein Job. Dafür werde ich bezahlt. Und nicht einmal schlecht. Und hin und wieder kann ich vielleicht auch etwas Nützliches dabei tun. Ja, so ist das. Staub ohne Sinn und Dauer, mehr nicht.

Es gibt verschiedene Arten, Opportunismus zu bemänteln, sagte Bella. Ihre ist bei weitem die belesenste, die mir bisher begegnet ist.

Sie stand auf und ging.

Indessen wir, Staub ohne Sinn und Dauer,
Der vor der Stunde blindem Schlag zerfällt,
Hinuntersteigen in das Tal der Trauer.

Ricarda Huch. Auf dem Weg zur Bahn dachte Bella an den Brief, mit dem die alte Dame 1933 den Nazis ihren Austritt aus der Akademie der Künste hingeworfen hatte. Nein, sie hatte es nicht verdient, das durchlöcherte Gewissen eines Hampelmanns zu beruhigen. In der Bahn hörte ein junger Mann Nachrichten.

Der Bundeskanzler besucht am Vormittag das ehemalige KZ Buchenwald. Am Nachmittag übernimmt er die Eröffnung einer Getränkeabfüllanlage,

sagte der Sprecher.

Zitatnachweis
(Quellen und Verfasser; Reihenfolge entsprechend der im Text)

Alexander Block: Ausgewählte Werke, Bd. 1, Volk und Welt, Berlin 1977

Joseph Freiherr von Eichendorff: Der alte Garten/Das große deutsche Gedichtbuch, Athenäum, 1978

Ingeborg Bachmann: Erklär mir Liebe/Anrufung des großen Bären, Piper, München 1956

William Butler Yeats: Liebesgedichte, Luchterhand, Frankfurt 1976

Ingeborg Bachmann: Werke, Bd. 1, Piper, München 1984

Alexander Block: Ausgewählte Werke, Bd. 1, Volk und Welt, Berlin 1977

T. S. Eliot: Das wüste Land, Gesammelte Gedichte, suhrkamp taschenbuch 1567, Frankfurt 1988

Alexander Block: Lyrik und Prosa, Volk und Welt, Berlin 1982

Ricarda Huch: Der Dreißigjährige Krieg, Insel-Bücherei Nr. 22, Insel-Verlag, Leipzig

Brigitte Aubert
Die vier Söhne des
Doktor March
Roman
218 Seiten
btb 72240

Brigitte Aubert

Beide führen ein Tagebuch. Er, das ist der Mörder – und einer der vier Söhne des Doktor March. Sie, das ist Jeanie, das Dienstmädchen des Hauses. Eines Tages kommt sie den schockierenden Aufzeichnungen des Täters auf die Spur. Aber welcher der Brüder ist das Ungeheuer? Als der Unbekannte merkt, daß Jeanie seiner Fährte folgt, kündigt er ihr die Stunde ihres Todes an...

Brigitte Aubert
Im Dunkel der Wälder
Roman
286 Seiten
btb 72163

Sie ist reich, hübsch und glücklich verliebt, da schlägt das Schicksal zu. Von einem Unfall schwer gezeichnet und ganz auf fremde Hilfe angewiesen, sieht sich Elise Andrioli plötzlich im Zentrum unheimlicher Ereignisse – Mord und mysteriöse Anschläge eingeschlossen. Beinahe zu spät erkennt sie, wo der Schlüssel zu diesen unheimlichen Vorfällen liegt...
»Ein ganz ungewöhnlicher Thriller.« *Frankfurter Rundschau*

Pascal Mercier
Perlmanns Schweigen
Roman
640 Seiten
btb 72135

Pascal Mercier

Perlmann, dem Meister des wissenschaftlichen Diskurses, hat es die Sprache verschlagen. Und während draußen der Kongress der Sprachwissenschaftler wogt, verzweifelt Perlmann in der Isolation des Hotelzimmers. In ihm reift ein perfider Mordplan... »Ein philosophisch-analytischer Kriminal- und Abenteuerroman in bester Tradition.«
Frankfurter Allgemeine Zeitung

Arturo Pérez-Reverte
Der Club Dumas
Roman
470 Seiten
btb 72193

Arturo Pérez-Reverte

Lucas Corso ist Bücherjäger im Auftrag von Antiquaren, Buchhändlern und Sammlern. Anscheinend eine harmlose Tätigkeit, bis Corso feststellt, daß bibliophile Leidenschaften oft dunkle Geheimnisse und tödliche Neigungen nach sich ziehen. Für literarische Leckerbissen, die wie Thriller fesseln, gibt es in Spanien seit Jahren nur noch einen Namen –
Arturo Pérez-Reverte.